イスラム2.0

SNSが変えた1400年の宗教観

飯山 陽
Iiyama Akari

河出新書
013

はじめに

二一世紀に入り、世界のグローバル化、情報化は加速度的に進んでいます。「極東の島国」である日本にも多くの外国人が訪れるようになり、日本人も旅行、勉強、ビジネスなど様々な理由で外国を訪れたりそこで暮らしたりするようになりました。外国やそこに暮らす人々についての知識は、単なる教養、趣味的なものを越え、実用的なものになりつつあります。

しかし、インターネットに接続しさえすれば、日本にいながらにして世界についての様々な情報を得ることのできる時代になった今でも、ほとんどの日本人にとって理解しがたい対象は数多くあります。私が研究しているイスラム教もそのひとつでしょう。「イスラームは平和の宗教」というのが、日本におけるイスラム教についての「通説」です。日本でイスラム教について語る人の大多数は、イスラム教が特権的存在であることを強調するためにあえて「イスラーム」という語を用います。

他方、現実のイスラム世界では戦乱が絶えず、毎日世界のどこかで数名のイスラム教徒がテロを実行しています。女性器割礼や児童婚、強制婚、名誉殺人など女性や子供に対する暴力や人権侵害も後を絶ちません。

イスラム教徒移民を多く受け入れたヨーロッパなどでは性犯罪や暴力、価値観の違いに由来する問題が多発しています。しかし一般の日本人がこれらについて「なぜだろう」と疑問を抱くや否や、「イスラームは平和の宗教」という「通説」がその思考を遮断します。それらの問題をイスラム教と関連づけて考えることは、日本ではタブーとされているのです。

しかし、そもそもこの「通説」は、客観的な論拠に基づいているわけでも、イスラム教の本質をとらえているわけでもありません。これは「専門家」を筆頭に、メディア関係者やイスラム教徒、イスラム教のファンなど、日本でイスラム教について語る人々の多数派が抱く「気持ち」の表明です。彼らがイスラム教について「こうあってほしい」「こうであるはずだ」と強く希求するその「思い」が、「通説」となって現れているだけなのです。

日本におけるイスラム教についての解説は、解説という体裁をとった「気持ち」の表明である場合がほとんどであるため、一般の人々がそれを解説として読んだり聞いたりしても全く腑に落ちないのは当然です。

ではイスラム教の本質とはなんでしょうか？

イスラム教は『コーラン』などの啓示を絶対視し、啓示の解釈によって構築された規範体系を有する極めて論理的な宗教です。この宗教の根幹をなす啓示に立脚した学問・規範体系がイスラム法です。イスラム世界の知識人は啓示を学んだあとで必ずイスラム法を学び、それに基づいてイスラム教について論じます。こうした彼らの伝統に従い、イスラム教について論じる場合には啓示を典拠とすべきだ、というのが私の持論です。私自身も、このイスラム法の研究を二〇年以上続けてきました。

ところが日本では、イスラム法をほとんど全く学んだことのない人々が、啓示やイスラム教の論理など見向きもせず、逆に自分の気持ちをイスラム教に投影することにより「イスラームは平和の宗教」だと繰り返すばかりです。しかし本書第六章で論じるように、イスラム教の想定する平和は、イスラム教が覇権を握ることによって確立される秩序の下でもたらされる平和のみです。

「イスラームは平和の宗教」論者は、イスラム教と私たちとでは、たとえ同じ「平和」という言葉を用いていたとしても、その意味するものは根本的に全く異なるのだ、という深遠なる真実について語ることは決してありません。

また私は研究を続ける一方、アラビア語通訳やリサーチなど様々なかたちで報道の仕事にも携わってきました。モロッコとエジプトに住み、他の中東諸国やヨーロッパ諸国にも長く逗留し、現在は東南アジアに住んでいます。世界ではその間も無数の事象が発生してきました。仕事を通してそれらと向き合っているうちに、世界中でイスラム教徒が引き起こしている様々な事象の底流にあるのは、イスラム教の論理であることに気づき始めました。イスラム教徒自身が、永遠の価値を持つ啓示とイスラム法こそ自分たちの普遍の行動原理であると主張しているのですから、彼らが現在もそれに従って行動しているのはよく考えれば極めて自然かつ当然なのです。

それ以来、私の研究の両輪となっているのは、「現実の事案」と「イスラム教の論理」です。イスラム教の論理はテキストとして固定され、一〇〇〇年以上の時を超えて継承されてきた啓示に立脚しています。それはイスラム教徒でなくても、アラビア語さえできれば誰でもアクセスできるオープン・ソースです。「事実」と「啓示」という私の研究の両輪は、ともに具体的かつ客観的で、誰にでもアクセスできるものです。

「イスラームは平和の宗教」という日本で流布している「通説」は、イスラム教について関心を持つ人々の好奇心や勉強への意欲をくじいて煙に巻き、混乱させるだけでなく、時に実害を生じさせることすらあります。

二〇一六年にバングラデシュのダッカで「イスラム国」によるテロ事件が発生したとき、人質に取られた日本人の一人は「私は日本人なので撃たないでくれ」と犯人に懇願したものの殺害された、と伝えられました。おそらく、「イスラームは平和の宗教」であり、イスラム教徒はみな親日的で日本人を尊敬している、という「通説」を信じていたのでしょう。

しかし啓示において、多神教徒である日本人はイスラム教徒の敵であり殺害対象だと規定されています。しかも日本は、アメリカ主導の対「イスラム国」有志連合の一員でもあります。繰り返しますが「通説」は「気持ち」の表明なので、「事実」も「啓示」も反映していませんし、「事実」に対する説得力ある解説を提示することもありません。第七章では、本書を手に取られた読者のみなさんが「通説」に翻弄され実害を被ることのないよう、イスラム教徒と付き合う際に必ず前提とすべき四原則と、やってはならない行動、言ってはならない言葉を五〇近く列挙しました。

私の目的は、「現実の事案」を「イスラム教の論理」という視点から解き明かすことにより、イスラム教についての事実無根の「通説」を正し、啓示に立脚したイスラム教についての知識を一般に提示することです。これはイスラム教徒たち自身が「イスラム教とはこのようなものだ」と論じてきたことそのものにすぎず、そこに私の「気持ち」など挟む余地はありません。それによって、イスラム教徒が私たちとは全く異なる価値、世界観を強く信じていることが明らかになります。これを踏まえれば、様々な問題が発生する根源的な原因についても理解できるようになります。

啓示に立ち返れば、イスラム教をめぐる問題の根幹にあるのは、「イスラム教の価値」と私たちが普遍的だと信じている「近代の価値」の差異であることは明らかです。

イスラム教徒はイスラム法によって統治される秩序の確立を目指し、彼らが正義だと信じるジハード（イスラム教による支配を拡大させるための戦い）を実行しますが、同じ価値を共有しない私たちにとっては、それはテロ以外の何物でもありません。イスラム教を「気持ち」だけでとらえ、イスラム教徒も私たちと同じ価値を共有しているはずだと思い込むから、テロをするのは「本当のイスラム教徒ではない」、といったおかしな言説が生み出されるのです。

彼らの正義の基準は神であり、神の下した啓示です。私たちとは違うのです。イスラム教の論理では、その正義に服従するのが「正しいイスラム教徒」だと規定されています。私たちと同じ価値に服し、テロをしないのが「正しいイスラム教徒」だというのは、あくまでも私たちの都合に合わせた解釈にすぎません。私たちは、自分たちの信じている価値の普遍性を疑いたくないという一心で、イスラム教という「もうひとつの普遍」の存在を必死に否定しているだけなのです。

世界には途方もなく多くの問題があります。それらの多くは価値観や世界観、信条、意見や立場の違いから生じています。自分の価値観や信条に固執し、それに反する他者を罵倒したり攻撃したり排斥したりする人の声が、このところメディアでもSNS上でも目立つように見受けられます。しかし、自分の価値観や信条とは全く異なる価値観や信条を持つ他者に対しては、敵愾心を煽る以外にも別の向き合い方があるはずです。その人たちは何を正義と信じ、どんなことを思い、何を目指して生きているのだろうかと考え、自分がその立場だったらどうするだろうかと想像してみる、という方法もあります。必要なのは「シンパシー（同情）」ではなく、「エンパシー（異なる価値観を持つ他者の感情に対する理解）」です。

私の仕事は、イスラム教徒という私たちとは全く異なる価値観や信条を持つ人々について、これまで日本語ではほとんど提供されてこなかった「知識」を提供することです。「気持ち」ベースの「通説」は、今の段階ですでに少なからぬ人々が抱くイスラム教に対する疑問や、「イスラム教について知ってみたい」という知的好奇心に全く答えられていないのは明らかです。私は研究者として、自らの主張の客観性と第三者による検証可能性を重んじています。「気持ち」を前面に出し、それへの共感を煽る行為は、私の研究者としての矜持に悖《もと》ります。

本書で論じるのは、インターネットの普及によって一般のイスラム教徒が啓示に容易にアクセスできるようになった「イスラム2.0」時代のイスラム教です。

啓示の解釈をイスラム法学者という知識人が独占していた「イスラム1.0」時代から、「イスラム2.0」時代への急速な移行は、世界に大きな影響を及ぼしています。イスラム教徒は次第に、啓示に立脚した、より原理主義的なイスラム教を希求するようになってきています。

本書第二章や第五章で論じるように、「イスラームは平和の宗教」なのでテロとは無関係、という言説は欧米の政治エリートやメディア、「穏健」なイスラム教徒も主張してきました。しかし積み重なる矛盾した現実を前にその説得力は失われ、欧米の政治・治安当局も、イスラム過激派によるテロの根源はイスラム教のなかに厳然と存在するジハードのイデオロギーだ、ということを認めつつあります。

イスラム諸国も、「イスラム教の宗教言説」を改革しなければテロの問題を解決できないと認め、この問題に正面から向き合い始めています。欧米やイスラム諸国はイスラム研究者の層が厚いため、これまでも啓示に立脚し、より現実的にイスラム教を論じる人はいました。日本社会で広まっているイスラム教についての言説は、世界的にも突出して偏向しています。

日本で「通説」となっている「イスラームは平和の宗教」論は、日本の一般読者が啓示など読むはずはないし、読んだとしてもどうせ意味などわかりっこない、という「専門家」の軽蔑と慢心、特権意識に由来しています。

しかし時代は変わりました。日本の一般読者であっても、インターネットを使えば『コーラン』にアクセスするのは容易です。『コーラン』は神の言葉そのものですから、その意味を文字通りに受け取るのが最も正しい解釈だとされています。一般読者であっても「通説」を正しく「論駁《ろんばく》」できるイスラム2.0時代だからこそ、「通説」とは異なる本書を世に問う意義があると私は信じています。

右でも左でもなく、現実を見つめたいと希求する全ての人に、この本を捧げます。

目次

第一章

イスラム2.0時代の到来

世界初の Youtuber 系自爆テロ

二〇一九年四月、スリランカで同時多発テロが発生しました。イースターのミサが行われていたキリスト教の教会や、外国人観光客の多い高級ホテルを狙ったものです。日本人一人を含む二五〇人以上が死亡、「イスラム国」が犯行声明を出しました。シンハラ人とタミル人との間で長く続いた内戦を経て、現在は相対的な安定を取り戻し、ラグジュアリーでリッチな旅行先として近年人気を博してきたスリランカにとって、これは非常に深刻な事態と受け止められました。六連続自爆テロ事件であったうえに、実行者の多くが富裕層出身で、なおかつ後日自爆テロ実行者の妻も三人の子を巻き添えにして自爆し、さらに首謀者の親族らも自爆するなど、多くの点で世界を驚愕させました。

前例のない衝撃的な特徴もありました。首謀者が人気 Youtuber でもあるカリスマ的イスラム過激派説教師で、彼自身も自爆して果てたのです。事件発生当初、世界中のメディアは混乱した解説記事を乱発しました。その多くは、スリランカの少数派であるイスラム教徒が、同じく少数派であるキリスト教徒を狙うのはおかしい、狙うならむしろイスラム教徒を迫害してきた多数派の仏教徒でなくてはならないはずだ、といったものでした。しかし、この事件を既存の対立構図の中でとらえようとすること自体に、そもそも無理があります。内戦が終了した一〇年前と今とではスリランカも、そしてスリランカを囲む世界情勢も、大きく変化しています。理解の鍵となるのはグローバル・ジハード（イスラム教徒の異教徒に対する戦争）とインターネットです。

二一世紀に入ってから情報化とグローバル化が急速に進み、世界はそれ以前とは比較にならないほどのスピードで変化し始めました。世界における日本の絶対的、相対的価値は数値の上では明らかに低下し、周囲からは子供が減り、高齢者と外国人が増えて目に見える景色も一変しました。情報技術の発達で生活環境やライフスタイルも変わり、一体それ以前は何をしていたのだろうかと不思議に思うほどスマートフォンやタブレット、パソコンなどを通しオンラインで過ごす時間が急増しました。

私を含め、それ以前の時代を知る人間は、近年の変化のスピードがいかに以前とは異なるか、身をもって知っています。世界の諸現象の中で最も急速に、かつ劇的に変化しているもののひとつが、世界に一八億人いるとされるイスラム教徒の信仰実践のあり方です。ここ一〇年ほどの間に、その変化を示す多くの事象が世界各地で発生してきました。

特に注目すべきなのが、「イスラム国」やアルカイダに代表されるグローバルなジハード・ネットワークの広がりと、インターネットの普及に伴う一般のイスラム教徒の原理主義化です。この変化は局所的なものではなく普遍的なものであり、スリランカのイスラム教徒にも変化の波は確実に及んでいました。専門家の間ではここ数年、インド洋の真珠と称えられるモルディブと並び、スリランカは南アジアにおけるイスラム過激派の新たなホットスポットとして注目されてきました。

原理主義者が増加中

スリランカ人はこれまでに数十人、あるいは数百人がジハードのために「イスラム国」入りしたとされており、既に帰国した者も多いとされます。同時テロ実行犯のうち数名も、シリアでジハードを戦った経験があることが明らかになっています。

ジハード戦士が出現するのと時を同じくして、スリランカのイスラム教徒女性たちの中に、目以外の全身を黒い布で覆うニカーブを着用する人が増加し始めました。これに対して多数派である仏教徒のシンハラ人は、治安上問題があるとしてニカーブ着用禁止を求めました。彼らの目にニカーブは、原理主義化の証であり危険な兆候と映ったからです。しかし後述するように、原理主義的であることも、ニカーブを着用したりジハード戦士になったりすることも、イスラム教の教義においては極めて正しいことだとされています。

スリランカではジハードを標榜するイスラム組織も結成されました。同時テロを実行したNTJ（ナショナル・タウヒード・ジャマーア）もそのひとつです。NTJは異教徒への敵意をあおり、異教徒を殺害せよと呼びかけていたことで知られ、二〇一八年には大量の仏像を破壊した疑いで警察の捜査を受けていました。

このNTJ指導者が、同時テロ首謀者にしてシャングリラ・ホテルで自爆したザフラーン・ハーシム（享年三四）です。彼はYoutubeにチャンネルを開設し、多くのチャンネル登録者を持つ人気Youtuberでした。スリランカ同時テロは、ジハードを奨励するYoutuber説教師が自ら組織を率いてテロ実行に導き自らも自爆した、おそらく世界初の事例です。彼は自身の説教動画を多く投稿し、次のようなことを説いていました。

「神はこの世をイスラム教徒のために創造した」

「イスラム教徒に反対する者は誰であれ殺されるべきである」

「ヒンドゥー教徒もキリスト教徒も仏教徒も不信仰者であり、彼らには生存権はあるが、統治権を持つのはイスラム教徒のみだ。不信仰者はイスラム教徒の統治を認め忠誠を誓うという条件下でのみ生存が許される」

これらはいずれも、イスラム教の啓典『コーラン』やハディース（預言者ムハンマドの言行録）に立脚した伝統的で正統な教義です。そこでは不信仰は神に対する大罪とされ、不信仰者は倒すべき敵とされています。啓示を文字通り解釈し実行すべきだと信じるジハード主義者にとっては、仏教徒もキリスト教徒も同様に攻撃対象です。

グローバル・ジハードの観点からは、ザフラーンが仏教徒ではなく、イスラム教徒を虐殺する大敵とみなされているキリスト教徒を標的としたのは、むしろ当然であると言えます。「イスラム国」がカリフ制再興を宣言した二〇一四年以来、「イスラム国」への共感を強烈にアピールする動画を多く投稿してきたザフラーンは、同時テロ実行直前にカリフに忠誠を誓い、仲間とともに「神の道におけるジハード」に身を投じました。

同事件後、彼のYoutubeチャンネルはようやく閉鎖されました。しかしYoutubeやインターネット上に拡散した彼のイデオロギーは、今もなお多くの人々に影響を与え続けていると見るのが妥当です。しかも彼は他の多くの説教師とは異なり、他者にジハードを推奨するだけでなく自らジハードを敢行しました。その意味で彼のイデオロギーは、今後もますます多くのジハード主義者を触発しうる潜在力を秘めてもいます。二〇一九年五月には、シンガポールで彼の動画を見て心酔し、資金提供していた男が逮捕されました。

「共生の知恵」VS「神の命令」

しかし、もし不信仰者を敵視しジハードを行うことがイスラム教の正統教義だとするなら、なぜこれまでスリランカのイスラム教徒はそうしてこなかったのでしょうか。スリランカのイスラム教徒は人口の一〇%にも満たない少数派ですが、伝統的に多数派の仏教徒や他のコミュニティの人々と揉め事を起こさず、融和することを是としてきました。これは言わば、彼らの中で培われてきた「共生の知恵」です。

ところがインターネットの普及によって、イスラム教徒は啓示に直接アクセスできるようになり、徐々にこの「共生の知恵」が神の目から見ると過ちかもしれないという可能性に気づき始めました。『コーラン』第四章一四四節には、「あなたがた信仰するものたちは不信仰者を友としてはならない」と明示されています。第四七章四節には、「あなたがたが不信仰者と出会ったときはその首を打ち切れ」とあります。逆に言えばこれまで、彼らはこうした啓示に触れる機会があまりなかったことが、共生をスムーズにさせていたという面があるのです。人間が作り上げた「共生の知恵」と全知全能の「神の命令」とでは、比較するまでもなく後者のほうが圧倒的に正しい、というのがイスラム教の論理です。一度後者を知った以上、伝統的な「共生の知恵」が絶対的に正しいと言えなくなるのは、イスラム教徒としては自然な変化なのです。

インターネットを通して啓示コンシャスになったスリランカのイスラム教徒の一部は、ニカーブを着用するようになりました。二〇〇四年には津波の影響で東部アンパラに集団移住したイスラム教徒が、先住のタミル人キリスト教徒にイスラム教への改宗を要求し、拒否した人は村を追われる、という事態が報告されています。

イスラム教徒の一部は異教徒との接触を避けるようになり、中には異教徒に強烈な憎しみを抱くようになる者も現れたことでしょう。もちろん、そこから実際に武器を取り、異教徒を攻撃する暴力的ジハードを実行するに至るまでには、極めて大きな心理的ハードルを越えなければならないことは想像に難くありません。しかし原理主義者が増えれば増えるほど、その一線を越えることのできる者も増加します。同時テロの背景にあるのは、スリランカのイスラム教徒がインターネットを通じて啓示を知り、徐々に原理主義化してきているという時代の大きな波なのです。

インターネットの普及に伴い、ジハード主義を標榜するイスラム過激派戦闘員の数は、世界中で増加しています。アメリカのシンクタンクであるCSIS（戦略国際問題研究所）の報告によると、アメリカ同時多発テロ（九・一一事件）が発生した二〇〇一年から二〇一八年までの間に、世界のイスラム過激派戦闘員の数は約四倍に増加しており、少なく見積もっても一〇万人、多く見積もると二三万人いるとされています。中でも最大勢力は、依然として「イスラム国」です。二〇一八年現在、世界に約四万人の戦闘員がおり、その数は「イスラム国」がイラク北部を占領した二〇一四年よりも増加しています。

ジハード主義者と聖典

九・一一事件以降、米国が六兆ドルともいわれる莫大な費用と人材を投じ世界七〇カ国以上でテロとの戦いを実施してきたにもかかわらず、イスラム過激派戦闘員が増加しテロ戦線がむしろ拡大している現実を受け、世界各国の当局者もようやく、イスラム過激派テロはイデオロギーの問題なのだということを認めつつあります。たとえ、ある戦場でジハード戦士を全滅させても、ジハードのイデオロギーが残存する限り、決して戦いは終わらないのです。二〇一九年三月、米国主導の有志連合軍はシリアにおける「イスラム国」の領土を完全に奪還したと発表しました。このとき米軍中東担当司令官は、「『イスラム国』との戦いも、『イスラム国』のイデオロギーとの戦いも終わりはまだ遠い」と述べました。「イスラム国」のイデオロギーの源はイスラム教です。スリランカ同時テロ首謀者が『コーラン』に基づいて説教しジハードを実行したように、「イスラム国」の活動は『コーラン』に立脚しています。『コーラン』はジハード主義者だけの聖典ではなく、全イスラム教徒にとっての聖典です。全てのイスラム教徒が、『コーラン』の一言一句全てが神の言葉そのものであり、その正しさは普遍的だと信じています。

ジハードはイスラム教の啓示に由来する伝統的な正統教義ですから、イスラム教が存続する限りジハード主義が消滅することはありません。「イスラム国」がSNSやメッセージアプリを通して毎日公開する声明文やパンフレット、機関誌などは、どれもこれも『コーラン』やハディースからの引用文であふれています。彼らは実際に自らジハードを戦う映像の公開を通し、自分たちがいかに啓示の文言に忠実に従う「真に正しいイスラム教徒」であるかを、世界中の人々に向かって発信し、証明し続けているのです。

アメリカのオバマ前大統領は、イスラム過激派テロはイデオロギーに由来するわけではないと主張し、イスラム教との関係を決して認めませんでした。イスラム教を「悪者」にしたくない人々はこの発言を大歓迎しましたが、これはあくまで政治的発言であり、現実を反映しているわけではありません。トランプ政権のポンペイオ国務長官は二〇一九年のカイロ訪問時、オバマ氏の中東政策を「臆病でお花畑的」だと批判しました。イスラム過激派のイデオロギーがイスラム教に由来していることは、イスラム諸国の当局者やイスラム教指導者らも認めており、後述するように問題解決の道を模索しつつあります。ゆえに、イスラム過激派イデオロギーがイスラム教に由来していると指摘するのは、差別でもヘイトでもありません。単なる事実の指摘です。その事実を直視することなしにはイスラム過激派テロと戦うことはできないというのは、今や世界の共通認識となっています。

性奴隷は正しい

ジハード主義者は、『コーラン』とハディースに従ってジハードを実行しています。それはイスラム教徒にとっての義務であり善行だと信じているので、当局に拘束されたり訴追されたりしても全く反省しないことが少なくありません。

そのことが世界中に知れ渡るきっかけがありました。二〇一九年にシリアの「イスラム国」最後の拠点であるバーグーズから逃げてきた、「イスラム国」戦闘員の妻たちについての各国メディアの報道です。一五歳のときに自らシリア入りして「イスラム国花嫁」となったイギリス人シャミーマ・ベガムは、「イスラム国」入りについて「全く後悔していない」と明言し、捕虜を斬首することも「イスラム法的に正しい」と断言しました。ドゥーラ・アフマドというカナダ人「イスラム国花嫁」も、「性奴隷はイスラム法的に正しい。私はどこであれイスラム法を信じているし、イスラム法の執行者に従う」と述べています。

記者たちの想像に反し、「イスラム国」戦闘員の妻たちの多くは「イスラム国」への忠誠を全く失っていません。記者や人道支援活動の従事者、医療従事者などに「不信仰者め！」と罵ったり、靴や石、排泄物を投げつけたり、背後からナイフで襲ったり、テントを燃やしたりする様子も報道されました。メディアはこれを「非常に強く洗脳されている」と驚きをもって伝えましたが、『コーラン』の文言を正しいと信じ、それに従って行動する彼女らの実態を、「洗脳」と描写するのが適切かどうかは疑問です。

二〇一九年七月にはシリアの有志連合軍副司令官がイギリス紙『インディペンデント』に対し、拘束されキャンプに収容されている「イスラム国」の妻たちの中で新たな過激派イデオロギーが醸成されており、長期的には最大の問題になるだろうと語っています。というのも彼は、多くの子供たちがそうした母親に育てられ、次世代「イスラム国」戦闘員として成長しつつある様子を現在進行形で見ているからです。有志連合軍はそれを理解しても、それを止める有効な手段は持ち合わせていません。

テロ首謀者は日本人のオザキ

バーグーズで拘束された「イスラム国」戦闘員の中には、日本国籍を持つバングラデシュ出身の男モハメド・サイフラ・オザキもいました。日本国籍保有者ということは、オザキは日本人です。彼は、拘束された初の日本人「イスラム国」戦闘員と言えます。

オザキは、二〇一六年七月にバングラデシュのダッカで発生し、日本人七人を含む二八人が殺害され、のちに「イスラム国」が犯行声明を出したテロに関与した容疑で、日本でも指名手配されていました。オザキの実父によると彼はもともとヒンドゥー教徒であり、二〇〇二年に日本政府の奨学金を得て立命館アジア太平洋大学に留学、日本でイスラム教に改宗したのちに日本人と結婚、帰化して日本国籍を取得したということです。その後オザキは立命館大学に就職、准教授だった二〇一五年に日本人の妻と子供たちとともにシリアで「イスラム国」入りしたと見られます。バングラデシュ紙は二〇一七年、オザキは二〇一五年に「イスラム国」中枢部によって「イスラム国」バングラデシュ州の総督（アミール）に任命されており、彼こそがダッカのテロの首謀者だと報じています。同紙によると、バングラデシュでテロを実行する「イスラム国」グループを組織したのはオザキであり、二〇一五年一〇月にロングプールで日本人の星邦男さんを殺害したのも、二〇一六年七月のダッカ・テロを実行したのも、同グループとされています。

オザキは日本にいながらにしてFacebookなどを使ってバングラデシュ人を「イスラム国」に勧誘、自ら身元引受人となって日本のビザを発給させ、それを利用してトルコからシリア入りさせていた、とする報道もあります。オザキは日本留学前にバングラデシュのエリート校である陸軍士官学校に通っており、Facebookではその同窓生を主なターゲットとして勧誘活動を行っていました。オザキに勧誘され、日本にいた外国人留学生数名も日本からシリア入りしたとも伝えられています。

「イスラム国」はオザキ拘束が伝えられてからまもなく、バングラデシュ州の新しい総督を任命し、立て続けに爆弾テロを実行しました。このことは、オザキが確かに同州の指導者だったことを裏付けていると言えます。またオザキはイラクに移送された後、米軍の取り調べを受けていたことも明らかになっています。米軍が取り調べるのは、基本的にアメリカ人戦闘員と「大物」外国人戦闘員のみです。オザキがバングラデシュ州の総督だったならば、「イスラム国」の州の現役総督が生け捕りされた非常に稀な例であり、「イスラム国」中枢を熟知する人物として米軍の取り調べを受けたのも納得できます。

日本で帰化、改宗しテロ計画

ダッカ・テロにおいて、犯人らは人質一人ひとりに『コーラン』第一章を暗唱するよう命じ、暗唱できた者は解放したとされています。『コーラン』第一章は単に最初の章であるだけではなく、イスラム教徒にとっての義務である一日五回の礼拝時に必ず唱えなければならない章であるため、イスラム教徒が最初に学び暗唱できるように訓練する章です。これを暗唱できるからといってイスラム教徒だという証拠にはなりませんが、暗唱できないイスラム教徒は基本的にいません。彼らは明らかに、イスラム教徒ではない不信仰者だけを殺すという意思を持っていました。

仏教徒が多くを占める日本人は、『コーラン』に基づけば不信仰者です。人質となった日本人の一人は「私は日本人だ、だから撃たないでくれ」と英語で犯人に命乞いした、とバングラデシュ・メディアは伝えています。しかしジハード主義者から見ると、「日本人だ」と名乗る者は「不信仰者なので殺してくれ」と自己申告しているに等しいのです。

　オザキは日本政府の奨学金で日本に来て、日本で暮らし、日本で学び、日本で就職し、日本人と結婚して複数の子供をもうけ、バングラデシュから日本に帰化して国籍まで取得したにもかかわらず、日本の文化や価値観に同化することは一切なく、それどころかイスラム教に改宗し、日本人への嫌悪と敵意を強め、日本の大学から得た給料を活動資金とし、日本を拠点に「イスラム国」への勧誘活動を行い、「日本人」としてテロリストの渡航便宜を図り、テロ実行グループを結成し、バングラデシュで複数の日本人を殺害させました。これは過去に例のない深刻な事案です。オザキは間違いなく、日本で過激化しています。

「危険人物」が日本で啓蒙活動

　日本にも既にジハード戦線が到達し、過激なジハード思想が広まっていることを示唆する事例は、他にもあります。スリランカ同時テロ首謀者のザフラーン・ハーシムの妹や旧友は、彼が二〇〇九年に日本に行き、日本でイスラム教について教えていたと証言しています。ザフラーンは一二歳のときにイスラム教学校に入り、わずか三年で『コーラン』を丸暗記するという偉業を成し遂げた「神童」でした。

ところがハディース、イスラム法と学び進むにつれ、彼は教師たちの教える規範や教義が啓示の字義通りの解釈とは異なることに異議を唱えるようになり、その原理主義的で過激な解釈に手を焼いた教師たちが学校から彼を放逐しました。その後、地元のモスクで職を得ますが、そこでも原理主義的で過激だという理由で二〇〇九年に説教することを禁じられました。日本に行ったのはおそらく、この後のことだと考えられます。子供の頃から極めて賢いとされながらも、原理主義的で過激だという理由で学校やモスクから追放された彼は、日本で一体どんなことを説いていたのでしょうか。日本の治安当局は、ザフラーン来日についての情報を一切明らかにしていません。

ザフラーンが師と仰いでいたのが、ザーキル・ナイクというインド人イスラム教説教師です。ナイクは二億人を超す視聴者を持つとされるピースTVというチャンネルの運営者で、世界一影響力があるとも言われる超人気テレビ説教師にしてYoutuberでもあります。一方で、「必要があれば自爆は認められる」「全てのイスラム教徒は（ビンラディンのような）テロリストであるべき」「私は原理主義イスラム教徒であることを誇りに思う」「性奴隷は合法」といった発言で知られるように、彼の説教は原理主義的で過激なため、それが理由で二〇一〇年にはイギリスとカナダで入国禁止とされました。

実はナイクも、二〇一五年一一月にＪＭＰＦ（日本ムスリム平和連盟）の招待を受けて来日しています。この際、東京大学、同志社大学、九州大学などで合計五回の講演会を実施、全国から彼を一目見ようとイスラム教徒が殺到しました。講演会場でナイクに促された複数の日本人が次々とその場でイスラム教に改宗する、「感動的な」映像も残されています。

ナイクの「悪名」が世界に知れ渡ったのは、二〇一六年のダッカ・テロ後です。現地メディアは、「テロ実行者七人のうち三人がナイクの説教に影響されたと証言」と伝えました。バングラデシュ当局は直ちにピースＴＶの放送を禁止、祖国インドは宗教的な嫌悪を広めテロを促進しているとしてナイクを訴追、パスポート停止処分にしました。スリランカ当局も同時テロ後、ピースＴＶの放送を禁じました。現在マレーシアで亡命状態にあり、インド当局は身柄引き渡しを要求しているものの、マレーシア当局は拒否しています。

一方、日本にはナイクを師と仰ぐ日本人が運営するモスクや、彼を招待し講演会を企画する団体もあれば、彼を信奉する熱狂的ファンも多く、彼に心酔してイスラム教に入信した人までいます。インドのメディアは、日本当局がなぜナイクのような危険人物と関係する人や組織を野放しにしているのか理解に苦しむ、という報道をしています。

容易に日本国籍が取得できる

ダッカ・テロでもスリランカ同時テロでも日本人が亡くなっています。この二つのテロの実行者や首謀者は、過去に直接的あるいは間接的に日本と関わっていました。ほとんどの日本人は、自国がイスラム過激派やジハードなどとは無関係だと信じていますが、テロ組織にとって日本は、彼らが安心して活動拠点にできる条件を十分に備えています。また日本人と結婚した外国人が比較的容易に帰化して日本国籍を取得することができることも、ジハード主義者にとっては魅力的でしょう。日本のパスポートはビザなしで非常に多くの国に入国できるため、世界でも最も便利なパスポートのひとつとして知られています。

帰化して「日本人」になれば、外国人が日本のビザを取得する際の身元引受人になることもできます。日本のビザ取得者はヨーロッパのシェンゲン・ビザ取得者などと同様に、世界的に「信用のおける人物」とみなされる証拠となります。日本ビザは、ジハード主義者が世界各地を自由に移動するための極めて有益なツールとなるのです。

いくら日本人の多くがイスラム過激派テロに無関心で、そんなものについて考える必要などないと思い込んでいようと、ジハード主義者からすれば日本人はジハードの対象である「殺すべき敵」であり、日本は居心地のいい安全地帯であり、日本のパスポートは間違いなく使い勝手がいいのです。そのことはオザキの事例ですでに証明されています。

二〇一三年一月にはアルジェリアの天然ガスプラントがイスラム武装勢力に襲撃され、日本人一〇人を含む四八人が死亡しました。日本人はいずれも、中東で長年にわたりプラント事業を展開し現地情勢にも詳しく経験豊富な日揮株式会社の関係者でした。

二〇一五年一月にはシリアで、日本人ジャーナリスト後藤健二氏と湯川遥菜氏が「イスラム国」により処刑されました。後藤氏は、中東やアフリカなどの紛争地帯で取材を重ねたベテランのジャーナリストでした。

その約二カ月後にはチュニジアのバルド博物館で「イスラム国」による銃撃テロがあり、日本人三人を含む二二人が死亡しました。三人はいずれも旅行会社が主催する募集型企画旅行の参加者であり、このテロを受けて日本の観光庁は旅行会社に対し、「外務省が発出している最新の渡航情報（危険情報）を把握するとともに、当該情報を旅行者に適時適切に提供し、安全確保に万全を期すよう」呼びかけました。なお事件当時、チュニジアの渡航情報は「十分注意してください」でした。

つまり世界は、これまでの知識や経験だけでは危険を回避できない時代に突入しているのです。海外に社員を派遣し事業を展開する日本企業の中には、危機管理部門を強化し、研修などを通して社員の安全対策の見直しを始めているところが少なくありません。マスメディアも一部の社では、危険地取材を行う記者に危機回避術や護身術、テロリストのメンタルや行動などを学ぶ特殊な訓練を受けさせるようになっています。

東南アジアでテロ頻発

シリアとイラクで領土を失った「イスラム国」は、弱体化するどころか、むしろ世界中に勢力を拡大しています。彼らが失ったのはシリアとイラクの領土「だけ」であり、いまだに数億ドルとも言われる潤沢な資金を保有し、還流する仕組みも構築済みです。領土の「維持費」がかからなくなったので、戦闘に専念できるようになったという分析もあります。現在は特に東南アジアと南アジア、アフリカでの攻撃を活発化させています。

東南アジアに関して、フィリピンでは二〇一六年から地元武装勢力の「イスラム国」入りが目立つようになり、翌年にはミンダナオ島のマラウィを占拠、軍が奪還するまでに五カ月間を要しました。その後もテロが頻発し、「イスラム国」が犯行声明を出しています。

マレーシアでは、当局の発表によると二〇一三年から二〇一八年までに五〇〇人以上がテロ容疑で逮捕されました。二〇一六年六月に首都クアラルンプールのショッピングモールでテロ事件が発生し「イスラム国」が犯行声明を出して以来、当局は同国がジハード主義者にとっての「安全地帯」になっていると危機感を強めています。

仏教国として知られるタイにも、実はマレーシアと国境を接する深南部に大規模なイスラム武装勢力が存在しています。治安当局などを狙ったテロを繰り返しており、二〇〇四年から二〇一八年までに七〇〇〇人以上が死亡しています。タイのイスラム教学校に留学していたカンボジア人のイスラム教徒一八人がテロ容疑で逮捕されるなど、タイがグローバル・ジハードの一拠点となりつつあることがうかがえる事案も発生しています。

東南アジア諸国は国境警備が緩く、政府の統治の及ばない地があり、かつ全体としてロジスティクスの基礎が整い、現状に不満を持つイスラム教徒が多くいるなど、「イスラム国」のホットスポットとなる条件が揃っています。シンガポールのリー・シェンロン首相が二〇一八年のASEAN首脳会議において、東南アジアは非常に深刻な「イスラム国」の脅威に直面していると述べたように、多くの国がその脅威を身近なものと受け止め、テロ対策の強化に努めています（インドネシアについては後述）。

世界各地で大暴れ

南アジアに関しては、バングラデシュやスリランカでのジハードの状況は既に述べた通りです。二〇一九年には「イスラム国」がインド州、パキスタン州の樹立を宣言し、今後本格的に攻勢をかける気配がうかがわれます。アフガニスタンでは、政府とタリバンと「イスラム国」という三つ巴の戦いが続いています。パキスタンでもパキスタン・タリバン運動と「イスラム国」が共に大規模テロを実行しています。CSISの報告書によると、多く見積もった場合アフガニスタンには六万人以上、パキスタンには四万人近いイスラム過激派戦闘員がいるとされています。アフリカは、ソマリアと周辺国でアルカイダ系イスラム過激派組織シャバーブが、ナイジェリアではボコハラムが次々テロを実行しています。中東・北アフリカにおいてもイスラム過激派の活動は相変わらず活発です。「イスラム国」は『ナバア』という週刊誌を毎週発行していますが、たとえば二〇一九年六月二一日発行の『ナバア』によると、その前の一週間に実行した攻撃回数は六一回で、多い順にシリア州（二二回）、イラク州（一七回）、西アフリカ州（六回）、ホラサーン州（六回）、リビア州（三回）、シナイ州（三回）、イエメン州（二回）、中央アフリカ州（一回）、東アジア州（一回）となっています。シリアでは一日平均三回以上、イラクでも二回以上、世界全体では九回程度攻撃を実行しています。

欧米諸国も例外ではありません。二〇一八年にユーロポール（欧州刑事警察機構）は、ヨーロッパにおける「イスラム国」テロの危険性は現状でも極めて高いと警告、シリアとイラクで「イスラム国」が領土を失うにつれ、自国での攻撃を選択する者が増加したと分析しています。二〇一七年にヨーロッパで摘発されたテロ事案三三件のうち、一〇件は実行されて六二人が死亡、実行犯の多くはヨーロッパで過激化した、いわゆるホームグロウン（国内育ち）型だとされています（ヨーロッパについては第二章で詳述）。

アメリカでは、二〇〇一年九月の同時多発テロ以降もイスラム過激派テロが散発しています。主要なものとしては二〇〇九年一一月フォート・フッド基地銃乱射事件（一三人死亡）、二〇一三年四月のボストン・マラソン爆弾テロ（四人死亡）、二〇一五年五月の預言者ムハンマド風刺画コンテスト発砲テロ、二〇一六年六月ゲイ・ナイトクラブ銃乱射テロ（四九人死亡）、一一月オハイオ州立大学襲撃テロ（一三人負傷）、二〇一七年一〇月ニューヨーク車突進テロ（八人死亡）が挙げられます。

二〇一八年にジョージ・ワシントン大学が公表したレポートによると、二〇一四年から二〇一八年までにアメリカ国内において「イスラム国」関連の事案で訴追されたのは二八州の一六二人で、そのほとんどはアメリカ国民か永住権を得ている人物だとされています。

ロシアでもイスラム過激派テロは発生しています。二〇一〇年三月にはモスクワの地下鉄駅で連続自爆テロがあり四〇人死亡、二〇一二年五月にはダゲスタン共和国首都マハチカラで自爆テロが発生し約四〇人死亡、二〇一七年四月にはサンクトペテルブルクの地下鉄駅で自爆テロなどが発生し一五人死亡、二〇一八年二月にはダゲスタン共和国キズリャルの教会で銃撃テロが発生し五人死亡しています。

このように私たちは現在、世界のいたるところにジハード主義者がおり、いつ、どこでテロ事件が発生しても全く不思議ではない時代を生きています。日本ではまだジハード主義者による大規模なテロ事件は発生していませんが、世界各地でテロ事件によって死亡した日本人は少なくありません。国内での過激思想の浸透をうかがわせる事象も増加しつつあり、日本国籍を持つホームグロウン型「イスラム国」テロリストも既に出現しています。

脳内OSはアップデート

二〇〇〇年以降、ジハード主義が世界中で急速に拡大した背景にあるのは、「イスラム2.0」であると私は考えています。イスラム2.0とは、ここ一〇年ほどの間に世界で発生したイスラム教に関わる様々な事象を解釈するために、私が創出した分析概念です。

この概念においてイスラム教徒は、「イスラム教についての知識」というOSを搭載し、それに従って考えたり行動したりする存在だととらえられます。イスラム教が勃興した七世紀からインターネットが普及するまでの約一四〇〇年間にわたり、イスラム教徒たちが搭載してきた「イスラム教についての知識」が、OSイスラム1.0です。インターネットが一般に普及し検索エンジンやSNS、動画サイトなどが登場した二〇〇〇年代初頭から、そのイスラム1.0が2.0へとアップデートしています。現在は、世界中のイスラム教徒の脳内OSがイスラム2.0に更新されつつある移行期、というのが私の認識です。

イスラム教徒にとって、何をどのように考え、どのように行動するかを決定づける源となるのが、「イスラム教についての知識」というOSです。多くのイスラム教徒にとって

一般に、イスラム教徒であるというアイデンティティは、どこかの国の国民であるといったアイデンティティよりも優先される傾向にあります。二〇一五年のオランダ政府の調査によると、同国内のモロッコ出身イスラム教徒の九六％、トルコ出身イスラム教徒の八九％が、イスラム教徒というアイデンティティを最も強く持っていると回答しています。

イスラム教徒とは、神を信じ、神の命令に絶対的に服従する人のことです。彼らは日常のあらゆる行為を、神の命令通りに実行するよう義務付けられています。彼らはそうすることによって来世で救済され、天国に入れてもらえると信じています。つまり天国に行くためには、神の命令、神の法が何であるかを知っている必要があるのです。それらについての知識がＯＳイスラム1.0、あるいは2.0です。

来世とか天国といっても、そんなあるかどうかもわからないようなものを信じるなんておかしい、どうかしている、という反応を示す日本人は多くいます。しかし、来世の存在を信じることはイスラム教徒であることの条件のひとつです。つまり来世の存在を信じないイスラム教徒はもはやイスラム教徒ではないため、イスラム教徒は全員が来世の存在を信じていると言うことができます。『コーラン』の第二九章六四節には、「現世はたわむれ、あそびにすぎない。来世こそが本当の生」とあります。

イスラム教徒にとって重要なのは、所詮すぐに終わりが来る現世などではありません。

来世こそが重要なのです。死はどんな人間にも平等に訪れます。人間は、金持ちであろうと家族に恵まれていようと名声を得ていようと、必ず死ぬのです。貧しいイスラム教徒だけが来世志向なのではありません。全てのイスラム教徒が来世志向なのです。

「天国への道」とは何か

来世の存在を信じるイスラム教徒にとって、どうすれば天国へ行けるか、という問題は切実です。天国に行かれない場合は、火獄で焼かれる運命が待っています。しかも来世は永遠に続きます。是が非でも、神に天国に入れていただかなくてはなりません。

神は既に、それに従うことによって天国へ行くことのできる「天国への道」を人間に示しています。イスラム1.0も2.0も、イスラム教徒にとっては必須の「天国への道」なのです。彼らにとってのその重要性を、日本人にとっての何かにたとえるのは困難です。

では「天国への道」とは、具体的には何でしょうか。一義的には、それは神の言葉そのものである啓典『コーラン』だとされています。『コーラン』第五章三節には「今日われ（神）はあなたがたのために、あなたがたの宗教を完成し、またあなたがたに対するわれの恩恵を全うし、あなたがたのための教えとして、イスラム教を選んだ」とあります。ゆえに『コーラン』の啓示をもってイスラム教は完成され神の法は伝え尽くされた、と理解されています。全ての真理、正解は『コーラン』にあるという信念は、イスラム教徒たちに極めて大きな安らぎと自信をもたらします。彼らは『コーラン』があることによって、「この世」を迷わず、正しく生きることができるのです。

一方、実際の『コーラン』は、法規範が網羅された六法全書のような法典ではありません。そこに神の法の全てがあるとはいえ、一見して法と理解できる章句はかなり少ないのが現実です。神の法について考えるイスラム法学者たちは、『コーラン』を源に、神の法を「使える」かたちに体系化する必要性に迫られました。『コーラン』第六章五七節には、「裁定は神にのみ属する」とあります。ゆえにイスラム法学者たちは、法の唯一の源は神であるという前提に立ち、イスラム法の規範の源は『コーラン』か、預言者ムハンマドの言行録であるハディースに示されたスンナ（慣行）、あるいは法学者たちの合意であるイジュマーに基づいていなければならない、という原則を八世紀頃に確立させました。

彼らは、自分たち法学者にできることは神の法を推量するだけであるという認識に基づき、これらの啓示的法源から法規範を導出して法体系を確立し、日々発生する具体的な事案に法規範を適用し、善悪や是非を判断してきました。しかし、彼らのファトワー（イスラム法的見解）の末尾には必ず「神が最もよく知り給う」と記され、真に正しい判断を知っているのは神だけである、という前提が了解事項となっていました。

イスラム1.0は法学者が知識独占

イスラム法理論においては、『コーラン』とハディースという啓示に明示された事案についてはそれがそのまま法規範になるとされています。要するに、『コーラン』とハディースさえ知っていれば、「天国への道」の基本は押さえたことになるのです。

しかしこれは簡単そうに思えて、実は極めて困難な課題です。特に前近代においては、イスラム法学者を除くほとんどのイスラム教徒には全く手も足も出ない世界でした。なぜなら第一に、近代以前はエリートを除くほとんどの信徒に識字能力がなかったからです。第二に、『コーラン』は全一一四章で一冊の本に収まる分量ですが、ハディースにいたっては数十万あるとも言われるほど膨大な数が存在するからです。イスラム教の啓示テキストがあまりにも多いため、近代以前の一般信徒にとってイスラム法の基本を押さえることは能力的にも、また物理的にも、全く不可能なことでした。

イスラム教には聖職者はおらず、カトリック教会のように司祭に懺悔すれば罪が赦されるという制度もありません。救済されるためには信徒一人ひとりが神と契約を結び、神の法を知り、それを実践しなければならないというのが、イスラム教の信仰の根幹です。その意味でイスラム教は、プロテスタントの万人司祭制に近いということができます。

ところがイスラム法を知りそれに従うことが天国に行くための唯一の道であるにもかか

わらず、「一般信徒は誰一人直接的にはイスラム法を知らない、それを知っているのはイスラム法学者だけである」という時代が七世紀から二〇〇〇年代初頭まで続いてきました。この時代、一般信徒はモスクで聞く説教や近所の法学者への質問を通してイスラム法の知識を得るしかありませんでした。彼らがインストールしていたOSイスラム1.0は、啓示テキストを独占するイスラム法学者からもたらされる知識のみでできあがっていましたが、それは必ずしも啓示の文言に忠実な知識ではありませんでした。一般信徒がそのことに気づいたのがイスラム2.0時代であり、それがここ一〇年ほどのイスラム教徒たちの行動を大きく変えた一大要因となっています。

世俗エリートが反旗を翻す

近代以降、普通教育が普及し一般のイスラム教徒の識字率が上昇しても、イスラム法学者が知識を独占する状況はほとんど変わりませんでした。膨大に存在する啓示テキストへのアクセスとその取り扱いは、それほど敷居が高かったのです。多少識字能力を身につけた程度の一般信徒がたやすく踏み込めるような生易しい世界ではないのです。

ただし例外もありました。普通教育を受けた中でも極めて優秀な「世俗エリート」の一部に、『コーラン』やハディースを自ら読解しイスラム1.0に異論を唱える者が現れたのです。彼らは、伝統的なイスラム教育を受けたイスラム法学者のような宗教エリートではありませんでしたが、テキストを読解し、合理的に批判する力を身につけていました。

その代表格がムスリム同胞団の創設者であるエジプト人、ハサン・バンナー（一九四九年没）です。エジプトがイギリスの植民地支配下におかれたことや、若者の「イスラム教離れ」が進む原因を、彼は宗教エリートの怠慢とイスラム教徒大衆の精神的、道徳的退廃、それに起因するエジプト社会の後進性に求めました。彼はイスラム世界が世俗主義と西洋文化によって侵略されつつあることを深刻な脅威と受け止め、自らモスクや学校、カフェなどで人々に「イスラム教への回帰」を呼びかけ始めました。彼はイスラム教を「包括的システム」ととらえ、それさえあれば全てがうまくいくと説きました。

スンニ派で唯一正しい政体とされているのがカリフ制（唯一のカリフがイスラム法を施行しイスラム共同体を統べる統治体制）ですから、バンナーにとって一九二四年のカリフ制廃止は衝撃的な出来事でした。彼はその四年後の一九二八年に、カリフ制の再興を目指してムスリム同胞団を設立しました。彼はイスラム共同体の発展にとってカリフ制再興は最優先課題であると強調し、宗教エリートがイスラム法で義務だと明確に規定されているジハードを反故《ほご》にしているという批判も展開しています。

一九五〇〜六〇年代にかけては、ムスリム同胞団の最も著名なイデオローグであるサイイド・クトゥブが、世俗の権力者が統治権を簒奪《さんだつ》している社会はジャーヒリーヤ（イスラム以前の無明時代）であり、それを打倒し正しいイスラム社会を実現させるためにジハードが必要だという理論を唱えました。彼の思想はエジプトでジハード団やイスラム集団といった過激派組織を生み、さらにアルカイダや「イスラム国」にも多大な影響を与えたことで知られています。「イスラム教こそ解決」をスローガンに掲げる同胞団は世界最大のイスラム組織に成長し、現在そのネットワークは世界七〇カ国以上に広まっています。

法学者よりもGoogle先生

普通教育によって識字率は上昇し、イスラム1.0に異議を唱える人や組織を生み出しはしましたが、それはあくまでもごく一部に過ぎませんでした。この流れを大きく変えたのがインターネットです。インターネットはイスラム教発祥以来、一四〇〇年間ほぼ変わらなかった知的状況を激変させ、イスラム世界に革命的とも言える変化を引き起こしました。イスラム2.0時代の到来です。

イスラム2.0時代は、「イスラム教についての知識」が法学者による独占から解き放たれた時代です。知識面で圧倒的に弱者だった一般のイスラム教徒が、インターネットを通じて啓示テキストに簡単にアクセスできるようになったのです。ウェブは膨大な量のテキストで埋め尽くされています。イスラム教の知識はテキストをベースとしているので、もともとインターネットとは抜群に相性がいいと言えます。これまでは由緒ある学問の殿堂に恭《うやうや》しく鎮座するのみで一般信徒には到底手に届かなかった啓示テキストのほとんどが、今はウェブ上に存在しています。

たとえばジハードについて、特に近代以降、ほとんどのイスラム法学者は一般信徒に対し、最も重要なジハードは自分の心の中にある弱さや悪と戦うことである、と説いてきました。イスラム1.0時代ならば、法学者にそう教われば一般信徒は疑うことなく信じます。ところがイスラム2.0時代になると状況は変わります。イスラム教徒にとって最も重要なのは神の命令に従うことですから、神の言葉を書き留めた『コーラン』にはジハードについてどのように記されているのだろうか、という疑問を一般信徒が抱くのは自然です。

インターネットを使えば調べるのは簡単です。Googleなどの検索エンジンで「ジハード」「コーラン」と打ち込みリターン・キーを押せば、『コーラン』のどこにどのような言及があるのかがたちまちわかります。近所の法学者に聞くより、よほど正確で詳細な情報が手に入ります。「法学者よりGoogle先生」の時代、と言うこともできるでしょう。

たとえば『コーラン』第九章四一節には、「軽装備でも重装備でもよいので出征し、あなたがたの財産と生命を捧げて神の道においてジハードせよ」とあります。字義通り素直に解釈すると、この「ジハードせよ」はどう考えても「戦え」という意味です。

指導者の条件が変わった

では神は信徒に戦争を命じているのでしょうか？　これも「ググれば」すぐに判明します。『コーラン』第二章二一六節には、「あなたがたには戦争が義務づけられた」とあります。間違いありません。神はイスラム教徒に戦争を命じているのです。また『コーラン』第九章二九節には、「神も終末の日も信じない者たちと戦え。神と使徒が禁じることを禁じることなく、啓典を授けられていながら真理の宗教を信じない者たちと、彼らが屈服し人頭税（ジズヤ）を手ずから差し出すようになるまで戦え」とあります。明らかに神はイスラム教徒に対し、異教徒と戦うように命じているのです。

さらに検索すれば、ジハードは「心の中の弱さとの戦い」という解釈には啓示的根拠がほとんど存在せず、その教説は近代以降流布するようになったもので、伝統的なイスラム法学においてジハードは確実に「異教徒との戦争」と規定されてきたこともわかります。「心の中の弱さとの戦い」が本当に最も重要なジハードであるなら、イスラム教において最も敬虔とされる最初の三世代の先人たち（サラフ）や法学の祖たちもみなそのように理解し、論じてきたはずです。イスラム教徒はサラフの時代こそ理想であり、サラフを模倣すべき先人と信じています。またイスラム教においては、人間は時代が下るほど知的に劣化すると信じられています。サラフより知的に圧倒的に劣る近代以降の法学者たちが、サラフに理解できなかったジハードの本当の意味を「発見」するなど絶対にありえません。

ではなぜ近代の法学者は、「ジハード＝心の中の弱さとの戦い」説を流布させてきたのでしょうか？　これについても検索エンジンを駆使し、ＳＮＳで「いいね！」がたくさんつけられていたり多くシェアされていたりする回答や、人気イスラム法学者のサイト、人気Youtuber説教師の動画などを探せば、「それは法学者が不正な世俗権力者の犬であり、彼らにとってジハードは不都合な概念だからだ」とか、「一般信徒がジハードの教義を振りかざし世俗権力者に反旗を翻すのを防ぐためである」といった主旨の理由がいくらでも見つかります。イスラム2.0時代の人気イスラム教指導者の条件は、啓示に忠実で、説明が簡潔かつ反権力的であり、一般信徒の目線に近いことです。

このように検索エンジンやＳＮＳを介してジハードの情報をたどればたどるほど、一般信徒は宗教エリートと彼らから教え込まれていたイスラム1.0への不信が募ります。宗教エリートに騙されていた、馬鹿にされていたと感じるようになります。宗教エリートの教説に満ち満ちているのは政治権力者への忖度であり、それは啓示的根拠にも論理性にも欠けていて、一切説得力を持たないと受け止められるようになりつつあります。

「天国への道」はSNSが導く

こうなるともう人々は、「天国への道」を宗教エリートに指南してもらおうとは思わなくなります。今やインターネット環境さえあれば誰でも、どこからでも啓示にアクセスできるのですから、自分で検索すればいいのです。イスラム教の啓示はアラビア語ですが、アラビア語がわからなくても自動翻訳機能を使えば概要はわかります。英語が理解できれば、世界中で展開されているイスラム教についての議論にも概ねキャッチアップできます。

インターネット上には、絶大な人気を誇るカリスマ的イスラム法学者や説教者がいます。彼らは冗長かつ婉曲的に「当たり障りのない」イスラム教を語る既存の宗教エリートとは異なり、人々の信仰や心情に寄り添い、ごまかすことなく真率かつ魅力的な節回しで「本当の」イスラム教を語ります。SNSやメッセージアプリでは、同じ問題意識を持つ仲間と出会いグループを作ったり議論したりするのも容易です。

こうして、これまで宗教エリート経由でしか啓示を知ることができず、神から遠く隔てられてきた一般信徒は、主体的かつ直接的に神と向き合うことができるようになりました。イスラム教が理想とする、信者一人ひとりが直接神と向き合い、神の法を知り、それを実践するという信仰のあり方が、図らずもテクノロジーの進化によって実現されたのです。

啓示テキストにアクセスできるようになった人々は、その文言を字義通りに信じ、実践することこそが正しいイスラム教徒のあり方だと考えるようになりつつあります。なぜなら『コーラン』第七章三節に、「あなたがたは、あなたがたの主（神）から啓示されたものに従え」とあるように、「啓示＝法」というのがイスラム教の原則だからです。

アメリカのシンクタンク、ピュー・リサーチ・センターが二〇〇八年から二〇一二年にかけて世界三八カ国のイスラム教徒を対象に実施した調査によると、「イスラム法は啓示にあらわされた神の言葉そのものだ」と回答した人はパキスタンとヨルダンでは八一％、エジプトとパレスチナでは七五％、イラクでは六九％に上っており、全ての国で「イスラム法は神の言葉に基づき人間が発達させたものだ」という回答を上回りました。

私はイスラム法の成立についても異教徒の立場から客観的に理解しているため、イスラム法は啓示を唯一の源泉とすると観念されているものの、実質的に啓示と、法学者が一定のルールに則《のっと》り啓示から演繹《えんえき》的に導出した規範の総体であると理解しています。しかしこうした認識はイスラム教の論理からみると邪道であり、イスラム教徒の多くは「啓示＝法」であり「法＝啓示」であると信じているのです。

原理主義は善であり正義

原理主義という言葉があります。一般に私たちがこの言葉から想起するのは、偏狭、頑迷、時代遅れ、前近代的といったイメージや、テロや暴力でしょう。いずれにせよ、原理主義は悪である、という認識がその根底にはあります。

原理主義とはもともと、聖書のテキストは全て神の言葉であり文字通り正しいと考えるキリスト教の一派を指して使われるようになったのが最初であるとされます。聖書は所詮人間がでっちあげたものだろうとか、神なんているはずがないと信じて疑わない人にとっては、原理主義が時代遅れで近代的価値に矛盾する有害なイデオロギーと映ります。

一方、原理主義と呼ばれる当のキリスト教福音派の一派やイスラム教徒にとって、原理主義的であることは完全に善であり正義です。既出のナイクも「私は原理主義イスラム教徒であることを誇りに思う」と堂々と述べ、多くのイスラム教徒がそれに賛同しています。

イスラム教徒は『コーラン』が神の言葉そのものであり、その一言一句全てが正しいと信じています。教義上それを信じていない人はイスラム教徒ではないとみなされるため、イスラム教徒は全員が原理主義者だということができます。『コーラン』は神の言葉であるはずがない、人間のでっちあげだと主張することを、イスラム法は大罪とみなします。またイスラム教徒は、『コーラン』に示された啓示の正しさは普遍的であり、その価値はどんなに時代が変わっても変わることはないと信じています。イスラム教徒にとっては、啓示は時代遅れだという評価は全く受け入れられないものです。

ところが教義とは裏腹に、イスラム教徒は長らく本当の意味での原理主義者ではありませんでした。なぜならOSイスラム1.0は、実は啓示の文言とかなりズレていたからです。インターネットを通じ自ら啓示にアクセスできるようになった人々は、そのことに気づき始めました。彼らは啓示に直接向き合うことで、初めて「正しいイスラム教」に覚醒しました。彼らはイスラム2.0へのアップデートを経て、名実ともに原理主義者になり始めているのです。そして彼らにとってこれは実に正しく、望ましい変化なのです。

イスラム1.0が必ずしも啓示に忠実な知識ではなかったのには、理由があります。イスラム史を通じてイスラム法学者の果たしてきた重要な役割のひとつは、統治の正統性をイスラム教的に保証することでした。統治者は法学者を保護することと引き換えに、政権や政策の正統性の保証を要請しました。

一方、法学者も、イスラム法の持続的適用という目的のために、イスラム法による統治を行う権力者を常に必要としてきました。異教徒に征服されてしまってはイスラム法による統治は失われます。イスラム法を蔑《ないがし》ろにするような統治者も困ります。よって法学者は、自分の保護者たる統治者を全力で支えることに腐心しました。

法学者と統治者は「相互依存」

しかし統治者を支え、各々の政策を支持し統治や社会の安定に努めることと、啓示に忠実であることとは、往々にして異なります。たとえば啓示は信徒に対し、武器をとってジハードに立ち上がり全世界を征服するまで異教徒と戦い続けよと命じていますが、現実にはそれが政権にとって常に吉であるとは限りません。戦争すれば負けてイスラム法による統治そのものが失われる可能性もあります。戦乱よりも平穏と安定を求める統治者も少なくありません。さすれば法学者は統治者に忖度し、啓示はさておき、平穏と安定に寄与するファトワー（イスラム法的見解）を発行することになります。

モスクの説教やファトワーでは今でも、争いを避けて社会の平穏を保つことを目的とした道徳訓が説かれます。私は長年ファトワーの研究を続けてきましたが、啓示の文字通りの解釈よりも、争いを避け、社会の平穏の保持を優先させる法学者たちの傾向は、時代や地域の違いを超えた一般的なものだと言えます。

イスラム世界における法学者と統治者の相互依存関係を理解するのは、そう難しくはありません。なぜならそれは、現在もまだ多少かたちを変えつつイスラム諸国に存在し続けているからです。エジプト政権を支えているのはアズハルというイスラム学の殿堂であり、サウジ政権を支えているのは高位イスラム法学者評議会です。アズハルや高位イスラム法学者評議会に期待されているのは、政権の政策に対してイスラム的に正しいとお墨付きを与えて社会の安定に貢献することです。しかし近代以降マスメディアの発達などに伴い、こうした「御用学者」が政権の言いなりである実態が徐々に明らかになるにつれ、一般信徒は既存の宗教権威への信頼を失い、彼らを腐敗した権力とみなす傾向が現れ始めました。

エリートの欺瞞《ぎまん》がネタバレ

それに追い打ちをかけたのが、インターネットの普及とイスラム2.0化です。これまでは宗教エリートの説教やファトワーについて、うすうす「何かがおかしい」「胡散《うさん》臭い」と感じつつも反論する力を持たなかった一般信徒が、インターネットを利用することでそれらに対し堂々と、しかもイスラム法的に「正しい」反駁ができるようになったのです。

国連のITU（国際電気通信連合）は二〇一八年一二月、二〇一八年末までに世界のインターネット利用者数は約三九億人、世界総人口の五一・二％に達し、史上初めて半数を超える見通しだと発表しました。特に発展途上国では、二〇〇五年のインターネット利用者は七・七％でしたが、二〇一八年には四五・三％と急増していることが報告されています。

ドーハ研究所が実施しているアラブ・オピニオン・インデックスによると、アラブ一一カ国でインターネットを使うと回答した人の割合は二〇一二年には四二％でしたが、二〇一八年には六八％に増加しました。インターネット利用者が増えれば増えるほど、イスラム教の啓示にアクセスできる人が増え、イスラム2.0にアップデートするイスラム教徒も増えると考えられます。イスラム2.0化は今後も世界に広まっていくでしょう。

イスラム2.0時代は、言わばネタバレ時代です。以前は秘密のベールに包まれ開示されることのなかった宗教エリートの思考プロセスやそこに埋め込まれた歪曲や欺瞞が、インターネットで検索すれば誰にでも簡単にわかるようになってしまいました。宗教エリートの権威は、今や危機的状況にあります。

イスラム2.0時代は、一般信徒が徐々に啓示に忠実な「真に正しい」信仰に覚醒し、原理主義化していく時代です。一線を超えたジハード主義者の絶対数も増加傾向にあり、日本も既にジハード主義者を生み出しています。

イスラム2.0時代は、多くのイスラム教徒が近代的価値観に違和感を持ち、異議を唱え、よりイスラム的な価値の実現を求める時代です。

私たちの価値観は今、イスラム教に挑戦状を突きつけられているのです。

第二章

ヨーロッパのイスラム化とリベラル・ジハード

きています。

移民政策で大失敗

イスラム2.0化の波はヨーロッパにも及び、それを受けてヨーロッパでも大きな変化が起きています。

二〇一九年五月に実施された欧州議会選挙で、「反イスラム」や「反移民」を掲げるいわゆるポピュリズム政党が約三割の議席を獲得するという躍進を果たし、中道路線の二大会派は議席を大幅に減らして過半数割れに追い込まれました。イタリアのポピュリズム政党「同盟」を率いるサルビニ氏は、「新しいヨーロッパが誕生した」と描写し、「ヨーロッパが変化しつつある兆候だ。ヨーロッパはエリート、企業、そして権力の奴隷であることに疲弊しているのだ」と述べました。サルビニ氏は選挙前、「これは我々がヨーロッパを救うか、我々の子供たちをイスラム国家に委《ゆだ》ねるかの分水嶺だ」と演説、オランダ自由党のウィルダース党首は「我々は移民とヨーロッパのイスラム化を阻止し主権国家を強化する」と支持を訴えました。ウィルダース氏は「ヨーロッパのイスラム化を阻止しなければ我々はあらゆる自由を失う」と述べ、ヨーロッパのリベラリズムを守るための「リベラル・ジハード」を提唱していることでも知られています。

これまで政治エリートやマスメディアはポピュリズム政党を「極右」と呼んで非難し、ヨーロッパが右傾化する、危険だと警鐘を鳴らし続けてきました。にもかかわらず「危険な極右政党」が票を伸ばしたということは、ヨーロッパの一般大衆がエリートを信用しなくなってきていることの証だと言えます。もし彼らが、ポピュリズム政党に投票することでヨーロッパがより危険になるというエリートの言説を信用したなら、ポピュリズム政党の躍進はなかったはずです。

ヨーロッパの一般大衆がエリートへの信用を失ったのは、彼らが移民の受け入れにあたり繰り返し強調してきた「移民は経済成長に必要」「イスラム教徒は多様性をもたらす」「イスラム教徒も数世代すれば同化する」「イスラム教とテロは関係ない」「イスラム教は平和の宗教」といった主張の、ほとんど全てがウソであることに気づき始めたからです。

既得権益層のグローバル・エリートたちが移民によってもたらされる「安い労働力」を独占し続けるため、移民が問題を起こしている現実から目を背《そむ》け、それらを暴こうとする人にことごとく「極右」「差別主義者」のレッテルをはって表舞台から葬り去ってきた結果、一般大衆が仕事を失い経済的に追い詰められただけでなく、故郷を乗っ取られて文化的な侵略を受け、アイデンティティの危機に陥った過程については、ダグラス・マレー氏が世界的ベストセラーの『西洋の自死』（東洋経済新報社）で詳述しています。

ヨーロッパの一般市民は、二〇世紀後半から数十年間にわたり移民の実態を目撃し続けてきました。彼らの目に移民は、自分たちの仕事を奪い、全く働く気がなく福祉頼みの生活なのに複婚を営んで多くの子供をもうけ、言葉も学ばず、一切同化する気もなく、自分たちの町に住み着き、まるで異国のように変えた存在として映っています。

スウェーデンではあまりに多くの移民を受け入れたうえに、移民のほとんどが福祉頼みの生活を続けているため財政破綻の危機に陥り、中央政府に支援要請をしているへスレホルム市や、ベングスフォッシュ市といった自治体も現れ始めています。

移民の性犯罪激増に愕然

ヨーロッパの大衆は、移民との間で生じる軋轢の多くが、イスラム教徒の側に自由や平等といった近代的価値を受け入れる気が一切ないことに起因している、ということにも気づき始めました。

たとえば性犯罪の激増により、イスラム教の女性観が現代のヨーロッパの女性観とあまりに異なることが万人に周知されてきました。イスラム教徒移民が頻繁に起こす大規模な性犯罪の実態は長年ヨーロッパ各国の当局者により隠蔽されてきました。イギリスのロザラムで、一九九七年から二〇一三年にわたり、一四〇〇人もの非イスラム教徒の少女がパキスタン系の男から性犯罪被害をうけてきたことが暴露されて以来、全ヨーロッパ規模で恐るべき実態が次々と明らかにされてきています。多くの場合、男たちは性的搾取を目的に少女に近づき、少女を手なずけ、あるいは洗脳した後で性的虐待を行う、いわゆるグルーミングを行っていました。

ロザラム事件の被害者のほとんどは白人の非イスラム教徒でしたが、イスラム教徒の少女に対する性犯罪も常態化しています。彼女たちはたとえ性犯罪の被害にあったとしても、その事実自体が家族の「名誉」を汚したとして家族に殺されること（いわゆる「名誉殺人」）を恐れ、被害を訴え出ることはほとんどありません。ＢＢＣは女性人権団体の報告をもとに、二〇一〇年から二〇一四年にかけてイギリス国内では名誉に関わる犯罪が一万一〇〇〇件発生しているものの、実行者が家族であるがゆえにほとんど表面化していないと伝えています。

二〇一八年にはテルフォード、二〇一九年にはウェスト・ヨークシャーでも、長期間にわたり隠蔽されてきた「アジア系」の男たちによる大規模性犯罪の実態が暴露されました。

イギリスのシンクタンク、キリアムが二〇一七年に公開した報告書は、二〇〇五年から一七年までにグルーミングで有罪判決を受けた人間の八四％はパキスタン人などの「アジア系」だとしています。二〇一九年にはＢＢＣラジオに、自身もパキスタン系であるイギリスの内相サジド・ジャヴィド氏が出演し、少女に対する性犯罪の犯人のほとんどはパキスタン系であり、彼らの人種を隠蔽しても過激派を利するだけである、と語りました。また彼は、彼らの行動にはコミュニティ内の「文化的原因」が関係しているとも述べました。

一人で外出する女性は「売春婦」

ドイツやノルウェーでは移民に対し、「女性はどんな服装をしていたとしても勝手に触ってはいけません」「女性が肌を露出させた服を着ているからといってレイプしていいというわけではありません」、といった「教育」が行われている事例も見られます。「女は勝手に触っていい」「露出度の高い服装をした女はレイプしていい」と信じ込んでいるイスラム教徒が多いことに、ようやく気づいたからです。

実際、一人で外を出歩く女はどのような服装をしていようと「ふしだらで尊厳のない奴隷女」「売春婦」であり、ゆえにそのような奴隷女は触ろうとレイプしようとなんら問題はない、と信じているイスラム教徒男性は少なくありません。彼らの考えの源にあるのは、イスラム教の伝統的な女性観です。『コーラン』第三三章三三節には女性について、「あなたがたの家に静かにして留まり、(イスラム教)以前の無明時代のように派手ないでたちをしてはならない」とあります。そもそも女性は、基本的には家で静かにしていなければならないのです。

外出する際も、ヒジャーブやニカーブで髪や顔を覆い隠すだけでは不十分で、それに加えて長衣をまとい、男性親族に付き添われて初めて尊厳のある存在とみなされます。根拠となっているのは『コーラン』第三三章五九節「預言者よ、あなたの妻、娘たちまた信者の女たちにも、長衣をまとうよう言え。そうすれば（尊厳のある信者だと）知られ、罵倒されずに済むであろう」や、「神と終末の日を信じる女は男性親族の付き添いなしに旅をすることは許されない」というハディースです。

イスラム2.0化が進み、これが間違いなく『コーラン』とハディースに立脚した正しい教義だという確信を得た結果として、彼らはその女性観を一層強固なものにしています。イスラム教徒の女性でさえ、尊厳のある女性とみなされるにはこの条件を満たさなければならないわけですから、異教徒の女性は議論の余地なく「売春婦」とみなされます。

イスラム法では、ジハードで敵から奪った女は戦利品として戦士たちで山分けされ、自分の所有となった女は性奴隷にしてよいとされています。現代世界で道ゆく異教徒女性は、ジハードでイスラム教徒の捕虜になった女奴隷ではありませんが、イスラム教徒男性が異教徒女性を見る目には、イスラム法のこうした規定が影響していないとは言いきれません。

「神への反逆者」と認定

私はイスラム諸国の中ではモロッコとエジプトに住んだことがありますが、どんな服装をしていようと、それこそ全身を黒い布で覆い隠していようと、通りすがりのイスラム教徒に「売春婦」とか「いくらか？」などと言われた経験が数え切れないほどあります。

エジプトでは二〇一一年二月、いわゆる「アラブの春」でムバラク政権打倒を喜ぶ人々をカイロのタハリール広場で取材していたCBSの女性記者ララ・ローガン氏が、数百人の男に取り囲まれ、罵倒され、服を引きちぎられ、性的暴行を受けるという事件も発生しました。二〇一三年に国連が発表した報告書では、九九％以上のエジプト人女性がセクハラ被害にあったことがあると回答しています。ほぼ全員です。

サウジアラビアのスーパーマーケットで、全身を黒い布で覆った女性の背後からやってきた男が彼女のお尻を触って立ち去る様子を収めた映像が公開されたこともあります。全身を黒い布で覆っても、女性の尊厳は守られないのです。

ここ数年、日本のユニクロなどを含む世界のファッション業界は、ヒジャーブをしたり長衣をまとったりするイスラム教徒女性の姿を「モデスト（慎ましい、謙虚）」と称賛し、モデスト・ファッションというジャンルを確立させて、人口が激増するイスラム教徒向け市場の開拓にしのぎを削っています。イスラム教徒の年間総支出額は二〇一七年の二・二兆ドルから二〇二三年までに三兆ドルに増加、うちハラール食品が一兆八六〇〇億ドル、ファッションが三六一〇億ドルと見込まれています。グローバル企業がこの巨大市場を見逃すはずがありません。しかし実際は、どんな服装をしていようと男性親族に付き添われていない限り卑猥で侮辱的な言葉を投げつけられ、売春婦扱いされ、セクハラされ、ひどい場合にはレイプされるということを、イスラム教徒の女性たち自身はよく知っています。

二〇一九年三月にオランダのユトレヒトで発生した銃撃テロの容疑者であるトルコ系のギョクマン・タニスは、「自分はこれ（銃撃）を自分の宗教のためにやる。おまえたちはイスラム教徒を殺し、我々から宗教を奪い去ろうとしているが決して成功することはない。アッラーフ・アクバル（神は偉大なり）」という手書きの手紙を所有していたことが、裁判で明らかになりました。同容疑者は過去にテレビのインタビューを受けた時の映像内で、体のラインの見えるぴったりとしたパンツをはいた女性レポーターを「売春婦」と罵り、「尻が見える服装をするなんて恥を知れ」と暴言を吐き、さらに「おまえの服装はイスラム法違反だ」とも言っていました。アムステルダムを拠点とする独立調査機関モティヴァクションが、オランダ在住イスラム教徒を対象に二〇一四年に実施した調査では、八〇%が非イスラム教徒に対するジハード（聖戦）は「全く悪くない」と回答しています。

イスラム教徒は、イスラム法は場所や時代を問わず全人類が従うべき普遍法だと信じています。世界のどこであろうと、イスラム法に従っていない人間は神への反逆者であると彼らの目には映るのです。二〇一六年にベルギーの研究機関が行った調査によると、ベルギー在住イスラム教徒の三三%が西洋文化は嫌いだと回答、二九%がイスラム法はベルギー法より優先される、三四%が『コーラン』に立脚した政治を望むと回答しています。

定住すれども同化せず

イスラム教徒にとってはイスラム教こそが普遍真理ですから、近代的価値観がイスラム教よりも優れた素晴らしいものだと考える発想がそもそもありません。イスラム教を受け入れない人間が至高の価値と認める「自由」など、イスラム教徒にとっては無知と不道徳の象徴でしかありません。二〇〇五年にイギリス紙『デイリー・テレグラフ』が公開した調査によると、イギリスのイスラム教徒の三人に一人は、ヨーロッパ社会は退廃的で不道徳でありイスラム教徒はそれを終わらせるべきだと回答しています。

リベラリズムの普遍性を絶対だと信じて疑わないエリートたちは、イスラム教徒も数世代たてば西洋社会に同化するはずだと主張し続けてきました。この主張の背後に透けて見えるのは、無意識的に「イスラム教徒は遅れた未開の人々だ」と見下す尊大な視点です。西洋の価値はイスラム教より優れているので西洋に定住すれば必ず啓蒙されるという考えは、イスラム教に対する無知に立脚しており、それこそイスラム教徒に対する差別です。

二〇〇八年にドイツを訪れたトルコのエルドアン首相（現在の大統領）は、ヨーロッパ各地から集まった二万人のトルコ人に対し、「私はあなたたちが同化に反対していることをよく理解している。誰一人、あなたたちに同化など期待すべきではない。同化は人道に反する罪だ」と演説しました。二〇一一年にドイツを訪れた際には、「ドイツに同化などするな。我々の文化とアイデンティティを奪う権利など誰にもない」と演説しました。

調査会社リーベルグやアンタルヤなどが二〇〇九年から一〇年にかけてドイツ在住のトルコ人に対して実施した調査によると、九五%がトルコのアイデンティティを保つことが必要不可欠だと回答、七二%がイスラム教は唯一の正しい宗教であると回答しています。

二〇一八年にWZBベルリン社会科学センターが実施した調査では、ドイツ在住イスラム教徒の六五%がドイツの法よりイスラム法のほうが重要であると回答しています。移民研究の専門家であるフンボルト大学のクープマンス教授は、イスラム教徒移民の約半数は『コーラン』を字義通りに解釈する原理主義者であり、六五%は移民先の国の法律よりイスラム法が重要と認識しているといった理由に基づき、イスラム教徒移民の同化は他の場合より困難であり、同化に成功した西洋社会はひとつもないと結論づけています。

オランダ政府が二〇一八年に公開したレポートによると、国内のモロッコ出身女性のうちヒジャーブをする人は二〇〇六年には六四%でしたが、二〇一五年には七八%に増加しました。またモロッコ出身者の七八%が一日五回の礼拝を欠かさず行い、九三%が常にハラールのものを食べると回答、自分は世俗的だと回答した人は二%のみでした。オランダ政府は国内のイスラム教徒は年々「宗教的」になってきていると結論づけています。

移民先の法律は華麗にスルー

二〇一六年に公開されたモンターニュ研究所の調査では、フランス在住イスラム教徒の二九%が共和国法よりイスラム法のほうが重要だと回答、同じく二〇一六年に公開されたポリシー・リサーチの調査では、イギリス在住イスラム教徒の四三%がイスラム法の一部がイギリス法にとってかわるべきだと回答しています。ヨーロッパに住んでいるイスラム教徒がみな、ヨーロッパの法を最も尊重して暮らしているわけではないのです。

二〇〇〇年以降、イスラム教徒は同化などしないということをヨーロッパの人々に思い知らせるような事件も多く発生しました。二〇〇五年九月にはデンマーク紙『ユランズ・ポステン』が、イスラム教の預言者ムハンマドの風刺画を掲載したことを契機に世界中で暴動が発生、デモ隊は「自由など地獄へ落ちろ」「イスラム教を冒瀆《ぼうとく》する者たちを殺せ」などの怒号をあげただけではなく、各国のデンマーク大使館やキリスト教の教会などを襲撃し二〇〇人以上の死者が出ました。

この風刺画を転載したうえに、その後もたびたび新たな風刺画掲載を行ったフランスの

『シャルリー・エブド』週刊新聞本社は、二〇一一年一一月に火炎瓶が投げ込まれ、二〇一五年一月には「アラビア半島のアルカイダ」の襲撃を受けて編集長や風刺画家ら一二人が死亡しました。実行犯は、アルジェリア系イスラム教徒でフランス生まれの移民二世でした。その後、BBCがコムレス社に依頼して行った調査では、イギリスのイスラム教徒の二七％が実行犯に共感を覚えると回答、二四％が風刺画を発行する者への暴力は正当化しうると回答しています。フランス国立科学研究センターが二〇一六年にフランス在住の一四歳から一六歳のイスラム教徒に調査を行ったところ、三二％が二〇一五年のシャルリー・エブド襲撃を非難しないと回答、同じく三二％が自分は原理主義イスラム教徒だと回答しています。

ヨーロッパの一般大衆は、風刺画をめぐる暴力の連鎖を目の当たりにし、西洋で表現の自由の一環として保障されている宗教に対する風刺や批判は、イスラム教徒にとっては冒瀆という許されない犯罪行為であり、それでも敢えてイスラム教を風刺したり批判したりする者は死ぬことすらある、ということを学びました。

西洋の価値観と両立しない

テロも相次ぎました。主要なものだけでも二〇〇四年三月スペインのマドリード列車爆破テロ（一九一人死亡）、二〇〇五年七月のロンドン同時爆破テロ（五六人死亡）、二〇一五年一月フランスの『シャルリー・エブド』襲撃とユダヤ教食品店襲撃（両方で一六人死亡）、一一月パリ同時多発テロ（一三〇人以上が死亡）、二〇一六年一二月ブリュッセルの空港や地下鉄でのテロ（三二人死亡）、七月フランスのニースでのトラック突進テロ（八四人死亡）、一二月ベルリンのクリスマス・マーケットでの車暴走テロ（一二人死亡）、二〇一七年四月スウェーデンのストックホルムでの車暴走テロ（五人死亡）、五月イギリスのマンチェスターで行われたアリアナ・グランデのコンサートでの自爆テロ（二二人死亡）、八月スペインのバルセロナでの車暴走テロ（一六人死亡）、などがあり、これらは全てイスラム教徒の犯行でした。

パリ同時テロ首謀者がモロッコ系のフランス人であったように、いわゆるホームグロウン（国内育ち）型のテロリストも多く、移民がヨーロッパ文化に同化しないどころかヨーロッパへの敵意を増幅している実態が露見しました。ユーロポールによると、ヨーロッパでジハード攻撃に関係して逮捕されたイスラム教徒の数は、二〇一三年には二一六人だったのが二〇一四年に三九五人に増加、二〇一五年以降は七〇〇人前後で推移しています。

イギリスの調査会社ユーガブがイギリスで二〇一五年に実施した調査によると、「イスラム教とイギリスの価値観は両立する」と回答した人はわずか二二%で、「両者の間には根本的な対立がある」と回答した人は五五％でした。ビーレフェルト大学がドイツで一〇年間にわたって実施した調査でも、「イスラム教とドイツの文化は両立する」と回答した人はわずか一九％でした。また四六％は「ドイツにはイスラム教徒が多すぎる」と感じており、三〇％が「テロなどの心配事がある」と回答しています。ハリス・インタラクティブが二〇一三年にフランスで実施した世論調査でも、六七％の人が「イスラム教の価値観はフランスの価値観と両立しない」と回答、七三％が「イスラム教に対して悪いイメージを持っている」と回答しています。二〇一三年にモーリス・ド・ホンドがオランダで実施した世論調査では、七七％が「イスラム教はオランダを豊かにしない」と回答、七三％が「イスラム教とテロの間には関連がある」と回答しました。

いくら政治エリートやマスメディアが「イスラム教徒はそのうち同化する」「イスラム教はテロとは無関係」と主張し続けても、一般大衆はそれとは異なる現実を目の当たりにした結果、エリートやマスメディアへの信頼を失いました。イスラム教徒自身が「同化しない」と宣言し、西洋近代より圧倒的に価値的に優越するイスラム教に従うと主張しているのですから、それが事実と認めるしかありません。事実から目をそらし、そのうち同化すると繰り返すことで批判をかわそうとする作戦は、もう通用しないのです。

〝ポリコレ〟がテロの温床に

皮肉なことに、ヨーロッパはその近代的でリベラルな価値観ゆえに、イスラム教の「本場」である中東をも凌ぐような過激派の巣窟となる可能性を指摘する声が、中東からもあがっています。二〇一七年にサウジアラビアで開催された公開講演会で、アラブ首長国連邦のアブダッラー・ブン・ザーイド外相は、「我々はより急進的なイスラム過激派がヨーロッパから出現するのを見ることになるだろう。なぜなら彼ら（ヨーロッパ）は意思決定に欠け、『政治的正しさ（ポリティカル・コレクトネス）』を追求しようとするのに加え、我々（イスラム教徒）より中東やイスラム教をよく知っているかのように振る舞うからである。失礼を承知で申し上げるが、これは単純な無知である」と述べました。

さらにイギリスやドイツ、イタリアなどを指して、「もし過激派対策に失敗すれば、我々はこれらの国々をテロのインキュベーターに分類する可能性がある」と警告しました。

要するに、西洋近代の誇る民主主義はテロとの戦いにおいては邪魔であり、また「イスラム教は近代と調和する」「イスラム教徒も時間がたてば啓蒙されて近代化する」といった西洋のリベラル・エリートの認識は単なる「無知」である、という極めて辛辣な批判です。テロとの戦いの最前線に立つアラブ・イスラム諸国から見ても、ヨーロッパのエリートたちのやり方は「間違っている」のです。

ポピュリズム政党は「極右」!?

マリーヌ・ルペン氏率いるフランスのポピュリズム政党〈国民連合〉は、フランス共和国のライシテ（政教分離）原則に立脚し、イスラム教は政教分離を認めずフランスのイスラム化を図っていると批判してきました。ドイツのポピュリズム政党〈AfD（ドイツのための選択肢）〉は、「イスラム教はドイツに属さない」と主張し、イスラム教自体がドイツの基本法とも社会とも文化とも相容れないので、このままドイツでイスラム教徒が増加しイスラム化が進めばドイツ人が民主主義のもとで暮らすのは不可能になる、と警告してきました。ベルギーのポピュリズム政党〈VB（フランダースの利益）〉は、イスラム教を「政治的宗教」とみなし、イスラム教徒は男女平等、政教分離、言論の自由、個人の自由、信教の自由といった憲法で保障されているリベラルな価値を一切認めようとせず、逆に自由なヨーロッパをイスラム教に服従させようとしていると主張してきました。この三党はいずれも、二〇一九年の欧州議会選挙で大躍進を遂げています。

こうしたポピュリズム政党は、人種差別主義に基づき「反イスラム」「反移民」を主張しているわけではありません。彼らは、自由や人権、男女平等、民主主義といったヨーロッパの価値を守るためには、それらを受け入れない人々を認めてはならないと主張しているのです。いずれも、法を遵守し社会に同化しているイスラム教徒の権利は保護されるべきだと主張している点も共通しています。たとえばフランスの〈国民連合〉やイタリアの〈同盟〉は、リベラルなイスラム教徒に支持されています。イスラム教徒である前にその国の国民であろうとするリベラルなイスラム教徒にとって、近代の価値を受け入れないイスラム教徒は自身の立ち位置を脅かす危険な存在なのです。

しかし、いくら現代のヨーロッパ諸国で人気を博すポピュリズム政党がリベラルな価値と民主主義の護持者であろうと、マスメディアと政治エリートは彼らが「反イスラム」「反移民」であるがゆえに、「極右」で「差別主義者」だとレッテルを貼ります。彼らは「悪」なのだと断罪することもやめません。しかも、こうした一方的主張を繰り返すのは、決してイスラム教徒のためではありません。自分たちの既得権益を守るためです。

しかし時代はすでにイスラム2.0です。イスラム教徒たちがインターネットでイスラム教の啓示にアクセスし、神が本当は何を命じているかを容易に知ることができるようになったのと同様に、今は異教徒もイスラム教の啓示に簡単にアクセスできる時代です。イスラム教の啓示が近代の価値とは全く異なることを教え伝えていることに、少し気の利いた検索者であればすぐに気づくことができます。また今は情報多元化時代です。マスメディアの伝える情報だけを鵜呑みにする人は、確実に減少しつつあります。ヨーロッパの一般市民は、エリートたちのウソや欺瞞に既に気づいているのです。

移民人口が急増

ヨーロッパで多くの大衆が自分たちの文化が侵略されつつあると感じているのは、単なる杞憂ではありません。ヨーロッパのイスラム化は確実に進行しています。

それを顕著に示すのは、ヨーロッパにおけるイスラム教徒人口の割合の増加です。ピュー・リサーチ・センターによると、二〇一六年の段階でヨーロッパにおけるイスラム教徒人口の割合は四・九%であり、国別に最も多いのはフランスの八・八%、ついでスウェーデンの八・一%、ベルギーの七・六%、オランダの七・一%、オーストリアの六・九%、イギリスの六・三%となっています。同センターは、もしヨーロッパがすぐさま移民ゼロ政策をとったとしてもイスラム教徒人口は二〇五〇年までには七・四%を占めることになり、もし通常レベルの移民流入があればその割合は一一・二%、二〇一四年から一六年のような大量流入が続けば一四%を占めることになるだろうと予測しています。

イギリスで一〇年に一度実施されている国勢調査によると、イギリス全体における白人の割合は二〇〇一年の調査では八七%だったのが二〇一一年には八〇%に減少しています。

ハンガリーのサーザドヴェグ財団が二〇一八年にヨーロッパ二八カ国で行った調査によると、対象者の七〇%がヨーロッパにおけるイスラム教徒の人口増加を深刻な脅威だと回答、五七%が移民増加は自国の文化を変えてしまうだろうと回答しています。

多産は「神の意志」

イスラム教徒の割合が増加している理由としては、比較的若い移民の流入が続いていることに加え、ヨーロッパ人が子供を産まなくなっている一方、イスラム教徒が多くの子供を産んでいることがあげられます。イスラム教徒の多産には宗教的な理由があります。

自由を基調とする近代社会においては、結婚するか、子供を産むかというのも個人の自由だとされています。一方イスラム教においては、結婚や出産も当然神の命令に従わなければならないと信じられています。それらは個人が自由に選択することではないのです。『コーラン』第二四章三二節に「あなたがたの中の独身の者、またあなたがたの奴隷の男と女で廉正な者は、結婚させなさい」とあるため、イスラム教徒には結婚が強く推奨されます。『コーラン』第二章二二三節に「妻はあなたがたの耕地である。だから意のままに耕地に赴け」とあるように、「耕地」たる妻とは多く性交することが奨励され、妻は生理中や出産後などを除き、夫の性交の要求には必ず応じるよう義務付けられています。『コーラン』第三七章一〇〇～一〇一節にあるように、子供は神からの祝福とされています。また預言者ムハンマドの「愛らしく多産の女と結婚せよ。私は他の人々に対し、あなたの（子供の）偉大な数を誇りと思うだろう」というハディースなどを典拠に、できるだけ多くの子をつくることは神の意志にかなった善行であり、それによって世界をイスラム教徒でいっぱいにすることはイスラム教徒共通の目標だと信じられています。

スウェーデンの医師であり公衆衛生学者でもあるハンス・ロスリング氏は、世界的ベストセラー『ファクトフルネス』（日経ＢＰ）の中で、宗教と大家族を結びつけて考えるのは過ちであり、子供の多さを左右するのは極度の貧困なので、極度の貧困をなくし、教育と避妊具を広めれば子供は減ると記しています。同氏はバングラデシュやエジプトの例をあげ、公衆衛生発達により子供の死亡率が減少したため、女性一人当たりの子供の数が激減したと強調しています。しかし少子化に成功したイスラム諸国の例を示したからといって、イスラム教と多産とは無関係であると証明したことにはなりません。

既述のように多産はイスラム教の啓示に立脚しており、啓示は時代が変わっても決して変わりません。また公衆衛生上の問題がないヨーロッパ諸国において、イスラム教徒の人口は激増しています。世界規模で見てもイスラム教徒の増加率が他宗教の信徒をはるかに上回っているという事実は、彼の主張と矛盾します。

トルコのエルドアン大統領は二〇一六年に、イスラム教徒は避妊すべきではなく、イスラム教徒の母親は三人以上の子供を持つべきであると演説しました。さらに二〇一七年にはヨーロッパに住むトルコ人に対し、「三人ではなく五人の子をなせ。なぜならあなたたちがヨーロッパの未来なのだから。そしてこれは、あなたたちに向けられた不正に対する最善の報復となるであろう」と呼びかけています。

エルドアン氏は公正発展党というイスラム主義政党の設立者であり、同党は世界最大のネットワークを持つイスラム組織「ムスリム同胞団」の盟友です。ムスリム同胞団の目標はカリフ制再興とイスラム法による統治を全世界に拡大させることであり、そのスローガンは、「神（アッラー）は我らが目的、預言者は我らが手本、『コーラン』は我らが憲法、ジハードは我らが道、神の道における死は我らが至高の望み」です。

ドイツのＢｆＶ（連邦憲法擁護庁）の二〇一八年の報告書は、ムスリム同胞団は非暴力的ではあるが「政治的イスラム」を標榜する過激派組織であり、そのスローガンはドイツ憲法の価値に矛盾しており、社会の平和と調和を危険にさらすと警鐘を鳴らしています。

移住や生殖は「静かなるジハード」

近代以降、イスラム世界の政治的、軍事的な劣勢が確定したことに伴い、イスラム教徒知識人の中には、移住や生殖によって世界中にイスラム教徒を増やすことにより、世界をイスラム化することもまたジハードであると主張する人が現れ始めました。ムスリム同胞団のイデオローグであるカラダーウィー師は、イスラム教徒は「戦争の地（イスラム法によって支配されていない地）」に住んではいけないという古典的イスラム法規範に対し、「世界に多大な影響力をもつ西洋世界をユダヤ人だけの影響下に置くべきではない」として、西洋世界への移住をむしろ推進しました。ジハードは啓示に由来する古典的な定義では「イスラム教による世界征服実現まで続けられる異教徒に対する戦争」ですが、この戦争は必ずしも暴力的なものには限られない、という解釈が広がり始めました。

実際、民主主義社会において数は力です。民主主義の原則は多数決であり、選挙で多くの人の支持を得れば政治力を武器に地域や国を合法的に変えることができます。武力によるジハードとは異なり、移住や生殖による「静かなるジハード」は違法ではありません。

人口数は自由主義経済においても力です。世界はすでに「もの余り」の時代だと言われています。人口力は購買力ですから、世界中のグローバル企業や資本家が人口力を持つ集団に注目するのは当然です。イスラム教徒はヨーロッパに限らず、全世界的に見ても他宗教の信徒を圧倒する勢いで人口を増やしています。日本でさえ「ハラール・ビジネス」が盛んになり、ユニクロが「モデスト・ファッション」に進出しているのも、そこに食い込むことが今後のビジネスの成否を左右することになると考えられているからです。

子供を持つも持たないも個人の自由という自由主義が世界に広まる一方で、イスラム教徒は子供を多く持つことが神への献身であると信じています。このままいけば、暴力的なジハードという手段に訴えなくても、「静かなるジハード」が着実に進行していく可能性があります。
人口増を背景に、ヨーロッパのイスラム教徒がイスラム的価値を社会にもっと適用せよと主張するケースも増えています。

学校イスラム化は「トロイの木馬」計画

二〇一九年にはイギリスのバーミンガムにある小学校、パークフィールド・コミュニティスクールでＬＧＢＴ平等を説く「ノー・アウトサイダーズ」という授業に対し、イスラム教徒の父母たち数百名が「同性愛を禁じるイスラム教の価値に対する差別だ」とか、「ゲイはＯＫだと教えるな」「我々の子供を洗脳するな」などと言って抗議デモを行い、子供を連れ帰り授業をボイコットする事態に発展、学校側が授業停止を決定するという事件が発生しました。この学校の生徒は九九％がイスラム教徒だとされています。

バーミンガムの学校は、二〇一四年に大スキャンダルとなったイスラム原理主義者による学校乗っ取り計画、いわゆる「トロイの木馬」事件の際にも問題視されました。「トロイの木馬」計画なるものが記された文書がＢＢＣなどのメディアにリークされ、そこには以下のような「学校イスラム化」計画が記されていました。

①生徒のほとんどがイスラム教徒の学校をターゲットとして選ぶ。
②両親たちに非イスラム教徒の教師が性教育やキリスト教の礼拝を強制しているといったデマを広めさせる。
③学校理事にイスラム原理主義者を送り込む。
④イスラム原理主義者を職員として送り込みルールを変え学校を内側から崩壊させる。
⑤校長を辞任させイスラム原理主義者にすげ替える。

そこでは「これはジハードである」と強調され、まずは「バーミンガムでテストする」と書かれ、具体的な学校名も挙げられていました。多くのメディアはこれを「偽文書」と断定しましたが、バーミンガム市当局に「本物だ！」と主張する市民の情報や苦情が殺到したため、教育監査局（通称オフステッド）や国などが詳細な調査を実施したところ、実際に「トロイの木馬」計画が進行中だったことが判明し、イギリスの人々を驚愕させました。

オフステッドがバーミンガムにある二一の学校を調査した結果、五校は「不適切」とみなされました。不適切な理由としては、女子にヒジャーブを強制して男子の後ろに座らせるといった男女差別や男女隔離が行われている、白人女性は「売春婦」とか同性愛者は死刑にすべきだと教えるといった差別教育が行われている、「イスラム教の信仰と異なる」

として進化論や音楽が教えられていないなどがあげられました。

「トロイの木馬」事件についてのイギリス政府の報告書には、これらの学校において反米、反イスラエルといった反西洋レトリック、男女隔離、陰謀論、イスラム原理主義の他者への強制、反LGBT、他者への不寛容などが確認されたと記されています。

教育現場で激しく対立

イスラム教徒がイスラム教学校を作り、そこで近代的価値観とは全く異なるイスラム的価値観を子供に教えていることも問題視されています。

イギリスでは「トロイの木馬」事件以来、公立、私立全ての学校で「イギリスの価値観」を教えることが義務付けられています。イギリスの価値観とは民主主義、法の支配、個人の自由、異なる信仰を持つ者同士の相互尊重と寛容だとされています。

一方オフステッドは二〇一七年、全国に一三九あるイスラム教学校のうち八一校は学校として「よくない」、三九校は学校として「不適切」という評価を下しました。また無認可のイスラム教学校を一年以上にわたって調査した結果、そこに通う生徒たちは一日中『コーラン』を学ばされ、心の中に「嫌悪」を植え付けられていると懸念を表明しました。

二〇一八年にはロンドン市内のイスラム教学校数カ所で、「イスラム国」支持者であるウマル・ハックが教師という立場を利用して一一歳から一四歳の子供たちに「イスラム国」の斬首映像を見せたり、ロンドンで発生したテロ攻撃を模して警官を攻撃するロールプレイをさせたりしていたとして逮捕、訴追され、禁錮最低二五年の判決を受けました。警察発表によると、ハックはロンドン市内で数年後に銃、ナイフ、爆弾、大型車などを用いた大規模同時多発テロを実行するため、子供たちを訓練し「軍隊」を作り上げようとしていたとのことです。子供たちには自分が「イスラム国」メンバーだと告げ、訓練について他言したら斬首すると脅していたことも明らかにされました。

警官も恐れる無法地帯

イスラム教徒が集住することで治安が悪化し、警察や当局者すら立ち入ることができなくなった、いわゆるノー・ゴー・ゾーンも各国に出現しています。二〇一四年、ドイツのヴッパータールで「シャリーア（イスラム法）警察」と書かれたオレンジ色のベストを着たイスラム教徒たちが、人々に「イスラム法統治地区」と書かれたビラを配布し、飲酒やギャンブル、売春、音楽を聞くことなどをやめるよう言って歩く活動を開始しました。彼らは「公共の場で許可なく制服を着用した」容疑で起訴され、起訴状にはイスラム法によってドイツを統治するのが目標だったと記されていました。

二〇一五年にメルケル首相がシリア難民の受け入れを表明し移民の大量流入が続いて以降、この問題に対する人々の懸念は増大しましたが、政治エリートは再三にわたりノー・ゴー・ゾーンの存在を否定してきました。ところが二〇一八年、ついにメルケル氏はドイツ国内にノー・ゴー・ゾーンがあることを認めました。ドイツ警察はそのすぐ後に北部のフレンスブルクを「危険地域」に指定、ベルリンのアレクサンダープラッツ、ケルンのエーベルトプラッツなどもノー・ゴー・ゾーンと認識されています。

二〇一九年にはイタリア公共放送局ＲＡＩがスウェーデンのノー・ゴー・ゾーンを取材し、地域のほぼ全域がイスラム法によって統治されており非常に危険だという現状を放送しました。これに対し在イタリアのスウェーデン大使館は、「わが国にノー・ゴー・ゾーンや法の支配の及ばない地域などない」と反論しました。他方スウェーデンの最大野党〈穏健党〉は、国内ではノー・ゴー・ゾーンの拡大が続き、今やショッピングモールまでもがその範囲内に入っており、しかもその中では人々の自由を不法に制限するシャリーア警察が闊歩していると指摘し、こうした活動を非合法化すべきだと提言しています。

二〇一六年にはストックホルム、ヨーテボリ、マルメを含む全国各地で放火や路面電車への投石などが発生し、放火された車は一月から七月にかけて二〇〇〇台以上に達しました。二〇一八年八月にも、ヨーテボリやマルメなどスウェーデン各地で、一日のうちに八

○台以上の車が放火されるという事件が発生しました。

二〇一五年以降は、放火だけではなく手榴弾やダイナマイトによる爆発事件も多発するようになりました。二〇一八年には一六二件と週に三回のペースで爆発事件が発生し、二〇一九年も前半で既に一〇〇回を超える爆発事件が発生しており、地元警察は「戦争状態にない国としては考えられないほどの頻度」だと語っています。

性犯罪も多発しています。二〇一二年に国連が発表した国別一〇万人あたりのレイプ件数においては、スウェーデンは六六・五人とレソトについで世界第二位です。性犯罪は二〇〇七年から二〇一六年までに六一％増加、銃撃事件の被害者数も二〇〇四年から二〇一六年までに五〇％増加しています。スウェーデン当局は、性犯罪率の異常とも言える高さについて、スウェーデンでは男女平等が進み他の国であれば性犯罪とみなされないことも性犯罪とみなされるため数値が高く表れるだけだ、と説明しています。

スウェーデンの人々が二〇一九年の欧州議会選挙の際に最も重視する要素としてあげたのは、「犯罪対策」でした。家を購入する際に最重要視する条件も「治安」です。いくら政府やマスメディアがノー・ゴー・ゾーンの存在を否定し犯罪の実態を隠しても、人々は肌感覚で治安が確実に、急速に悪化していることを実感しているのです。

「ノー・ゴー・ゾーン」アプリも

フランスでは二〇〇〇年代初頭からラクールヌーブ、ペルピニャン、ベジエ、ニーム、アミアン、ルーベ、マルセイユなどにノー・ゴー・ゾーンがあると度々指摘されていますが、当局はその存在を認めていません。ところが、住民の三五％が移民系とされるパリ郊外グットドールでは暴力、麻薬、レイプ、売春などの犯罪がはびこり、手をつけられずに困ったフランス当局がモロッコ当局に支援を要請し、モロッコ人警官四人を同地域の犯罪摘発に当たらせるという策に出ました。要するに、フランス警察はここに立ち入れないということであり、ここがノー・ゴー・ゾーンであることを認めているに等しいと言えます。

現代イスラム研究者のジル・ケペルは、パリ郊外セーヌ゠サン゠ドニがイスラム過激派の拠点になっていると指摘しました。ここでは二〇一七年にアメリカ製の対戦車バズーカ砲など大量の武器が発見され、宅配会社クロノポストは危険すぎるとして同地域への配達を停止しました。フランス紙『ル・フィガロ』は二〇一八年、セーヌ゠サン゠ドニには四〇万人以上の不法移民が住み着いていると報道しています。なおパリに関しては、二〇一六年に「ノー・ゴー・パリ」というアプリが公開され、「犯罪被害にあう可能性が極めて高いため旅行者などが近づいてはならない場所を示す貴重な情報」として、二〇一九年現在も五つ星中で四・二の高評価を保っています。

イギリスのシンクタンクであるキウィタスは二〇〇九年、ロンドン、マンチェスター、バーミンガムなどには既にイスラム法に従って裁判を行うシャリーア法廷が少なくとも八五カ所あると報告しています。二〇一五年には内務大臣が、イギリス国内で「イスラム法が差別的かつ容認できないやり方で機能している可能性がある」と指摘し、二〇一七年には当時ロンドン市長だったボリス・ジョンソン氏が、「イギリス司法制度と並行して運営されているイスラム法制度には断固反対する」と発言しています。

イギリス公共テレビ局、チャンネル4は二〇一七年、イギリスのシャリーア法廷では女性の地位が著しく低く扱われている、というドキュメンタリー番組を放送しました。イスラム教徒の男性は、イギリス法に則って結婚すると婚姻中も離婚時も女性に多くの権利が保障されるうえに複婚も禁じられるため、イスラム教徒カップルの約六〇%にあたる一〇万組がイギリス法上は結婚しておらず、イスラム法上のみで結婚しているとも報じられています。

移民が議席を獲得し始める

人口増を背景に、イスラム教徒が政界に進出する動きも見られます。ベルギーでは二〇一二年に「イスラム」という名の政党が設立され、設立者の一人ラドワーン・アルーシュは、「目標は一〇〇％イスラム国家」「イスラム法適用によって預言者と『コーラン』のやり方に従う」などと述べ、地方選挙に候補者を擁立し、二議席を獲得しました。彼は二〇一八年に出演したテレビ討論会で、女性出演者と全く目を合わせないという極めて不自然な態度をとり、理由をたずねられると「完璧に聞こえていますよ」と返答しました。また、「握手しなければならないという法律はない」と言って握手も拒否しました。

この行動が女性差別だとして訴追され、彼は二〇一九年に禁錮六カ月の有罪判決を受けました。この女性出演者は後日、アルーシュの態度はショッキングであり、自分がまるで価値のないものとして扱われ自尊心を傷つけられたと語り、さらに彼の態度が真剣でふざけているわけではないのが怖かったとも述べています。

オランダでは二〇一五年に、トルコのエルドアン大統領と非常に近い関係にあるとされるトルコ系オランダ人二人によってＤＥＮＫという政党が樹立され、二〇一七年の総選挙で三議席を獲得しました。オーストリアでも二〇一七年、トルコ人移民らがＮＢＺという政党を立ち上げました。

二〇一八年のスウェーデン総選挙では、ソマリア系移民の集住するいわゆるノー・ゴー・ゾーンで立候補したレイラ・アリ・エルミ氏が、一言もスウェーデン語を発することなくソマリア語だけで選挙戦を戦って当選したことが話題になりました。第三の都市マルメでも、二〇一八年にパレスチナ人移民がＮＫＳという政党を立ち上げました。

二〇一六年にロンドン市長選で当選し、欧州連合加盟国の首都で初のイスラム教徒市長となったサディク・カーン氏は、イギリス最大のイスラム組織「ＭＣＢ（英国ムスリム評議会）」の法律顧問を務めていた経歴を持ちます。ＭＣＢはムスリム同胞団系の組織です。しかし彼は「イスラム主義」を前面に掲げたわけではなく、パキスタン系イギリス人イスラム教徒という「多様性」を象徴するアイデンティティと、「人権派」弁護士にして社会民主主義を掲げる政治家として、ロンドン市長の座をつかみました。

トランプが治安悪化を懸念

二〇一九年にアメリカのトランプ大統領がイギリスを訪問しましたが、トランプ政権はその少し前にムスリム同胞団をテロ組織に指定する方向で検討中と発表しました。トランプ大統領の訪英前や訪英中に、カーン市長は執拗に彼を「世界の極右の代表」と攻撃し、「あなたの価値観はロンドンの価値観と異なる」「我々は男女平等を支持し女性を支援するフェミニストだがあなたは違う」、といった反トランプ節を様々なマスメディアで展開し、イギリス政府が彼を国賓待遇で歓迎したことを繰り返し非難しました。

二〇一七年六月にテレビ出演したカーン氏は、「イスラム国」入りしたイギリス人四〇〇人のうち半数以上はすでに帰国したがどこで何をしているかわからないと述べ、なぜ警察に彼らの監視を命じないのかと問われると、「警察には他に優先すべきことがある」と回答し、アンカーのモーガン氏は「イギリス市民に危害を加える意図をもち、シリアから帰国した人々を監視することより優先すべきことは何か」と食い下がりました。

二〇一九年二月にMI6（イギリス秘密情報部）の長官は、シリア入りしたイスラム過激派が危険なスキルと人脈をもってイギリスに帰国するのは深刻な脅威だと語っています。

カーン氏が市長になって以来、ロンドンの治安は劇的に悪化しています。二〇一八年のロンドン市長公安室の発表によると、同年一月までの一年間に報告されたレイプ事件は七六一三件で、その前の一年間より二〇％増加、同様に殺人事件は三〇％、刃物犯罪は二五％、強盗は四〇％、窃盗は三〇％増加しました。ロンドンで二〇一八年二月と三月に発生した殺人事件の件数は三七件で、ニューヨークの三二件を上回りました。

ロンドン警察はこうした犯罪増加について、「理由はわからない」「理解できない」と繰り返しています。トランプ大統領は二〇一九年六月一五日、一日のうちにロンドンで刃物犯罪五件と銃撃事件一件が発生し被害者三人が死亡したことを受け、「ロンドンはできるだけ早く新しい市長にしたほうがいい。カーンは災いであり、事態を悪化させるだけだ」とツイート、一〇万を超える「いいね」がつけられました。

ヨーロッパのイスラム化が目に見えて進行するなか、これまでイスラム教や移民について一切の批判を退けてきたエリートたちも、態度を変え始めてきています。

理由はいくつもあります。第一に、ヨーロッパの現実が、「イスラム教とテロは無関係」とか「イスラム教徒もそのうち同化する」といったエリート言説で糊塗《こと》しきれなくなってきたことが挙げられます。一般大衆のエリート言説への不信は、エリートへの支持離れとポピュリズム政党の人気というかたちで現れています。

第二に、このままでは近代的価値が失われてヨーロッパがヨーロッパでなくなることに、エリート自身も気づき始めた点が挙げられます。彼らはこれまで、イスラム教を絶賛する以外のイスラム教についての言説は全て「極右」「人種差別」と退けてきました。イスラム教について公には誰も、何も批判しないため、イスラム教徒があらゆる「自由」を謳歌し、これが過激派を利することにつながり、イスラム原理主義やジハード思想が広まりました。

イギリスで二〇一六年に「イスラム国」を支援し有罪判決を受けたイスラム教説教師のアンジェム・チョードリーは、訴追されるまで街中やモスクで「自由」に言論活動を展開し、九・一一テロ実行犯を偉大な殉教者と讃えたり、ローマ教皇はイスラム教を冒瀆したので処刑されるべきだと主張したりしました。その内容が原理主義的でジハード主義的だと指摘されると、「私は誰も語らない真実を語っているだけだ」と開き直りました。彼は「イスラム教は平和の宗教などではない。服従の宗教だ。我々は全員、神の意志に服従しなければならない」、とも主張していました。また、ＢＢＣやＣＮＮ、スカイニューズ、イランのプレスＴＶなどのほか、日本のＮＨＫにも出演し、「世界はイスラム法によって統治されるべき」「バッキンガム宮殿はモスクにすべき」「我々イスラム教徒は民主主義も世俗主義も自由も人権も拒否する」などと公然と語りました。

チョードリーの支持者は、「エリザベス女王はイスラム教に改宗するかイギリスから出て行け！」と大声でシュプレヒコールをあげながらロンドンを練り歩いたこともあります。風刺画事件の際には、「預言者ムハンマドを冒瀆する者を殺せ！」と抗議デモを実施しました。当局がチョードリーに影響されたと指摘するジハード主義者も相当数にのぼります。二〇一九年のスリランカ同時テロ実行者の一人はロンドンに留学経験があり、その時チョードリーに心酔し個人的に付き合いがあったと伝えられています。

チョードリーのような人物の「自由」な発言や行動、イスラム教徒の全体的な原理主義化、増加するテロなどを受け、ヨーロッパの一般大衆の中にはイスラム教に対する嫌悪や警戒が広まりました。こうした現実が、もうそこから目をそらすことができないほどの圧力をもってエリートたちに路線変更を迫っていると言えます。

ヨーロッパ当局によるイスラム化阻止の最もわかりやすい例は、公共の場におけるヒジャーブやニカーブの禁止です。フランス、ベルギー、オーストリアなどでは、顔を覆い隠すニカーブやブルカの着用が禁じられています。イスラム教徒が好きな服装をする「個人の自由」よりも、近代的価値や治安の維持が優先されているからです。公共の場で顔を隠すことは基本的には認められない、というのは近代社会のルールです。実際ニカーブを着用していると、個人の特定どころか性別の判断すらつきません。

ヒジャーブ着用禁止

イスラム諸国でもニカーブ規制の動きは見られます。チュニジアは二〇一九年に首都チュニスで自爆テロが相次いだ後、治安を理由に公共機関におけるニカーブ着用を禁じました。世界的にはニカーブの下に爆弾を隠して自爆するイスラム過激派テロだけではなく、ニカーブを着用して銀行強盗や宝石店襲撃を実行するケースも多く見られます。スリランカも二〇一九年の同時テロ後にニカーブ着用を禁じました。男女を問わず、素性を隠して悪事を行う人間にとってニカーブは便利である、という側面は否定できません。

フランスではライシテ（政教分離）原則に基づき、公立学校ではイスラム教徒の女子生徒が髪を覆い隠すヒジャーブを着用することも禁止しています。そもそもライシテ原則は、公教育がカトリック教会による支配から脱却する過程で生まれたものであり、教育の場に宗教を持ち込んではならない、教育を宗教の影響から守らなくてはならないという主旨について、イスラム教も例外ではないと判断されているからです。

一九九九年には、ヒジャーブを脱ぐことを拒否して退学になった二人のイスラム教徒女性が欧州人権裁判所に訴訟を起こしましたが、「ライシテは全国民が従うべきフランス共和国の憲法上の基本原則である」として訴えは退けられました。「個人の自由」はライシテ原則の下には制限されねばならない、という判断です。オーストリアも二〇一九年に小学校でのヒジャーブ着用を禁止、ドイツも禁止方向で検討していると伝えられています。

過激な説教師を国外追放

イスラム教徒男性による女性差別も規制されつつあります。既述のように、ベルギー・イスラム党のアルーシュは、テレビで女性と目を合わさず握手を拒否したことが女性差別にあたるとして有罪判決を受けました。

スイスには授業の前後に、教師への敬意の証として生徒が教師と握手するという伝統があります。ところが二〇一六年に、シリア人男子中学生二人が女性教師と握手することを拒否しました。地方当局は、「男女平等や外国人の同化という公共の利益は二人の男子生徒の信教の自由よりはるかに重要」という声明を出し、二人には握手を命じ、親には罰金を科し、この一家に対する市民権付与の審査を中止しました。フランス政府は二〇一八年、教師に配布するライシテについてのガイドラインで、イスラム教の教義に基づいて女性との握手を拒否することは認められないと明示しています。なお、ミュンスター大学が二〇一六年に公開した調査によると、ドイツ在住トルコ人の二三％がイスラム教徒は異性と握手してはならないと回答しています。

既出のチョードリーのような過激派説教師を訴追したり、国外追放処分にしたりするケースも増えています。オーストリアは二〇一八年、トルコの資金で運営されているモスク七カ所を閉鎖し、イスラム教指導者六〇人を国外追放すると発表しました。これについてトルコのエルドアン大統領は、「世界を十字架（キリスト教）と新月（イスラム教）の全面戦争へと導こうとしている」と非難しました。

フランスは二〇一七年に、二〇人の過激派説教師を国外追放しました。二〇一八年にも暴力的ジハードの正統性を認め、「フランスにおけるイスラム教の敵を破壊せよ」と呼びかけていたパリ郊外トルシーのモロッコ人イスラム教指導者に加え、「異教徒を倒せ」「ユダヤ人はサルやブタの兄弟」などのヘイトスピーチを繰り返してきたマルセイユのアルジェリア人イスラム教指導者を国外追放処分にしました。イタリアも二〇一五年から二〇一八年にかけて、過激派説教師三二六人を国外追放しています。スウェーデンも二〇一九年、五人のイスラム教指導者を治安上の脅威があるとして国外追放すると決定しました。

宥和政策に反発

フランスやドイツ当局は、国内のイスラム教徒を外国の影響から切り離し、「フランスのイスラム教」や「ドイツのイスラム教」をつくると宣言しています。マクロン大統領は二〇一八年に「イスラム教と国家の関係を再定義する」と宣言し、フランスのイスラム教が「近代的」なものとなるため、フランスのイスラム教徒自身が寄付などを集めてモスクを自己運営できる枠組みを構築することや、イスラム教指導者をフランス国内で養成する制度などを提案しました。二〇一九年には、宗教の名の下に政治的プロジェクトを推進する「政治的イスラム」は、世俗主義を掲げるフランス共和国にとっての脅威だと述べ、政府に対応を要請したのに加え、外国から国内イスラム教徒やイスラム教施設への資金流入の制限を強化すべきだとも主張しました。

一方フランスのイスラム教徒や団体は、「イスラム教のことに外部者が口出しをするな」「イスラム教はどこまでいってもイスラム教であり、フランスのイスラム教などというものはありえない」などと強い拒絶反応を示しました。イスラム教徒以外からも、国家が宗教を支配下におこうとすること自体が世俗主義に反していると批判されています。

ドイツ政府は二〇一九年、国内のイスラム教徒コミュニティと外国政府との関係を断ち切り「ドイツに属するドイツのイスラム教」を創設する必要があると宣言しました。そしてイスラム教指導者も国内でドイツ語を使って養成し、国内のイスラム教徒のドイツ社会への同化促進によって、イスラム教の過激主義と戦わなければならないと強調しました。

ドイツ最大のイスラム教組織ＤＩＴＩＢ（トルコ・イスラム宗教施設連合）は、国内にある二四〇〇のモスクのうち九〇〇カ所を運営しているとされますが、ＤＩＴＩＢ自体がトルコ政府の管理下にあり、モスク運営資金やイスラム教指導者の給与は全てトルコ政府が支払っています。ドイツ政府が「ＤＩＴＩＢがドイツのモスクを完全支配できる時代は終わった」と「宣戦布告」したのに対し、ＤＩＴＩＢは「イスラム教は普遍でありドイツのイスラムなどというものはありえない」と反発する声明を出しました。ドイツ政府はモスクの自立を促すため、教会税と同様のモスク税導入も検討しています。

フランス当局もドイツ当局も、イスラム教にはいろいろあるのだから、ヨーロッパ諸国に同化するローカルなイスラム教を創出することも可能なはずだ、と主張しています。他方イスラム教徒はこうした動きに対し、イスラム教はひとつしかない、と冷ややかです。

二〇一九年の欧州議会選挙では、マクロン大統領率いるフランスの与党〈共和国前進〉

はポピュリズム政党〈国民連合〉に敗れ、ドイツの連立与党〈キリスト教民主同盟〉と〈社会民主党〉も得票率が三割を切る大敗北を喫しました。

ヨーロッパのイスラム化に対するエリートたちの対応策は手ぬるく、小手先のものにすぎず、実効性に欠けると、大衆の目には映っているのかもしれません。二〇一九年六月には、ドイツで移民擁護派として知られていたカッセル県の県知事が射殺され、インターネット上にはこれを「歓迎」する投稿があふれ、ドイツ内相や大統領がそれを非難する声明を出しました。リベラルなエリートに対する大衆のフラストレーションは、こうした事件やそれに対するインターネット上のリアクションの中にも垣間見ることができます。

欧州議会選挙におけるポピュリズム政党の躍進は、イスラム化を本気で阻止しヨーロッパを防衛するリベラル・ジハードを少なからぬ人々が欲しているという、ひとつの証左であるように見受けられます。

第三章

インドネシアにみるイスラム教への「覚醒」

多宗教共生国もテロ多発国へ

イスラム2.0は、世界最大のイスラム教徒を抱える東南アジアの国、インドネシアでも極めて大きな地殻変動を引き起こしています。インドネシアの総人口は二億六〇〇〇万人と世界で四番目に多く、イスラム教徒の割合は九割弱です。

しかしインドネシアは、イスラム教を国教とするイスラム国家ではなく、「多様性の中の統一」を国是とする世俗国家です。憲法前文に刻まれたパンチャシラ（建国五原則）では、唯一神への信仰、人道主義、インドネシアの統一、民主主義、全国民に対する社会的公正が謳《うた》われています。憲法二九条では信教の自由が保障され、イスラム教、プロテスタント、カトリック、ヒンドゥー教、仏教、儒教の六つが国の公式宗教として認定されており、これらに対する冒瀆は法律で禁じられています。

一九四五年の独立以来、インドネシアは多数派のイスラム教徒と少数派が融和的に暮らす多様性国家であり、インドネシアのイスラム教徒は温和で穏健だと知られてきました。特にスハルト政権の半ばまでは、宗派主義や「政治的イスラム」は国家的統一を脅かすものとして退けられてきました。しかし、スハルトは晩年になってイスラム教徒の優遇政策を強化し、キリスト教徒に対する暴力を見逃すようになりました。

一九九八年にスハルト政権が崩壊し民主化へと舵を切ると、宗派主義への規制が緩み、言論や行動の自由化が進むとともに、治安の悪化をうかがわせる事件が続きました。二〇〇〇年九月には首都ジャカルタにある証券取引所ビルで爆弾テロが発生し一〇人が死亡、同年のクリスマス・イブには全国各地一一カ所の教会で連続的に爆弾が爆発して一八人が死亡し、当局はアルカイダ系イスラム過激派組織ＪＩ（ジェマ・イスラミア）による犯行という見方を示しました。アメリカ同時多発テロが発生した翌年の二〇〇二年一〇月には、インドネシア一の観光地として知られるバリ島で観光客を狙った爆弾テロが発生し、日本人二人を含む二〇〇人以上が死亡、当局はＪＩのテロと断定しました。

多宗教共生、少数派の尊重、穏健なイスラム教といったイメージを覆すようなイスラム過激派のテロがその後も次々と発生、異教徒や外国権益、反イスラム的とされる音楽に関係する場所などが標的とされました。

インドネシア研究で知られるオランダの人類学者マルティン・ファン・ブライネセンは、編書『インドネシアのイスラム教における現代的発展』で、インドネシア社会全体がイスラム化、原理主義化していく大きな契機となったのは、二〇〇五年にＭＵＩ（インドネシア・イスラム法学者評議会）が発行した「宗教的多元主義、自由主義、世俗主義はイスラム教に反している」というファトワー（イスラム法的見解）だと指摘しています。

子供巻き込み型家族テロ

イスラム2.0時代以降のインドネシア社会の変化は、二〇一四年に「イスラム国」がカリフ制再興を宣言した翌年には、既に少なくとも五〇人のインドネシア人がシリアに行き「イスラム国」入りしたことからも確認できます。二〇一六年一月には、ジャカルタ中心部のスターバックス近くなどで複数の自爆テロや爆弾、銃撃テロが発生して四人が死亡、「イスラム国」が犯行声明を出しました。当局はシリアで「イスラム国」入りしたインドネシア人、バフルン・ナイムが首謀者だという見方を示しました。

ナイムはシリアでブログを立ち上げ、Facebookなどのソーシャルメディアも用いて、インドネシア人に向けて「イスラム国」参加を促し、二〇一五年のパリ同時テロを称賛してインドネシアでもテロを実行するよう呼びかけたり、爆弾の作り方を詳細に教示したりしました。インターネット経由で遠方からプロパガンダ活動やテロ実行に関わる指導者のあり方は、バングラデシュ出身の「日本人」戦闘員オザキとも重なります。彼らのようにメンバーを遠隔操作する指導者が登場したのも、イスラム2.0時代だからこそです。なおナイムは二〇一八年、米軍の空爆によりシリアで死亡しています。

次にインドネシアのテロが世界的な注目を集めたのは、二〇一八年五月のことです。第二の都市スラバヤで父と母、それに九歳から一八歳の子供たち四人からなる六人家族が三つの教会で連続的に自爆する、という世界的にも前例のない「家族テロ」事件が発生しました。裕福なビジネスマンだった父はまず妻と二人の娘に爆弾を装着し、彼女らがひとつめの教会で自爆、次いで二人の息子が爆弾を積んだバイクに乗り別の教会に突っ込んで自爆、最後に父自身が爆弾を積んだ車でさらに別の教会に突っ込み自爆しました。わずか一〇分ほどの間に家族六人全員が自爆して死亡したのです。

同日、この連続自爆テロに続き、今度は別の家族が自宅で自爆、さらに翌日には別の五人家族が爆弾を積んだバイク二台に乗ってスラバヤ警察の入り口で自爆テロを行いました。

家族がひとつのグループを構成しテロを行うパターンは、その後もインドネシアで確認されています。二〇一九年スリランカ同時テロにも、複数の家族が関わっていたことがわかっています。実行犯の一人の妻は妊娠中でしたが、自宅に警察がやってきた際に子供三人を道連れにして自爆しました。首謀者ザフラーンの二人の弟とその妻二人、六人の子供たちも、後日隠れ家が警察によって包囲されたところで自爆しました。

「イスラム国」の家族テロは、今のところアジアでしか確認されていません。「イスラム国」中枢部が「子供も一緒に自爆せよ」と呼びかけたことは、少なくとも私の知る限りではありません。一方で、同じ子供を持つアジア人女性である私には、子供を道連れに自爆した母親の心情も全く理解できないわけではありません。一緒に自爆すれば、子供も自分とともに天国へ行けると信じたのでしょう。

残された子供は、必ずや反イスラム的な世俗思想を教え込まれて不信仰の罪に陥るに違いない、そうなってしまってはその子の救済の道は閉ざされ地獄に行くことになってしまう、といった懸念もあったでしょう。『コーラン』第九章七三節には、「預言者よ、不信仰者と背教者に対してジハードし、厳しく対処せよ。かれらの住まいは地獄である」と記されているからです。もちろん、子連れで自爆した彼女らの心情は推量することしかできませんが、私たちは既にこうした子供巻き込み型家族テロの実例を複数目撃しています。

スラバヤの連続家族自爆テロ後、インドネシアの国家情報庁は国内約一〇〇〇カ所のモスクに立ち入り調査を実施しました。するとジャカルタ近郊のあるひとつの地域だけでも、四一カ所のモスクでキリスト教徒や仏教徒など宗教的マイノリティへの敵意を煽り、ジハードを呼びかける過激な説教が行われていたことが判明しました。またモスクの導師一七人が、「イスラム国」への支持を表明し、「イスラム国」の名の下にジハードを行うよう促していたことも明らかになりました。

しかもこれらのモスクに通っている人々の多くは、ジャカルタの省庁に勤務する公務員だったということです。二〇一五年にバタムの自由貿易地域局の役人が妻と三人の子を連れてジハードのためにシリア入りするなど、上級公務員の「過激化」も問題となっています。多様性の中の統一を国是とする国の公務員が、異教徒を殺せと叫ぶジハード主義イスラム教指導者のヘイトスピーチを日常的に聞いたり、ジハードを目指してシリア入りしたりしている……。これもイスラム2.0時代のインドネシアの一面です。

世俗法よりもイスラム法

二〇一三年にピュー・リサーチ・センターが行った調査によると、インドネシアのイスラム教徒の七二%が、国の法としてイスラム法の導入を支持しています。インドネシアは現在、世俗法で統治されている世俗国家ですが、イスラム教徒の国民の多くがこの状況に不満を抱いているようです。彼らは、インドネシアをイスラム国家に変えたいのです。二〇一七年にジャカルタを拠点とする調査機関アルヴァラが実施した調査によると、公務員の一九・四%がパンチャシラ（建国五原則）を信じていないと回答、UINU（シャリーフ・ヒダーヤトゥッラー・イスラム国家大学）の調査官は、「公務員の七〇%が二〇一九年大統領選で保守的イスラム教を掲げるプラボウォを支持しており、これは公務員が極めて宗教的に保守的だということを示しており、かなり不健全」と指摘しています。

インドネシアがイスラム国家ではないことに対しては、これまでも様々なイスラム組織が抗議してきましたが、インドネシアの二大イスラム組織であるNU（ナフダトゥルウラマー）とムハマディヤはこれを否定してきました。またスハルト政権は、個人や団体がイスラム国家樹立を標榜することを禁じてきました。

ところがスハルト政権が崩壊し、宗教に対する規制が緩み、自由な言論が認められるようになったところで、既述のように二〇〇五年にMUIが宗教的多元主義、自由主義、世俗主義は反イスラムだというファトワーを発行しました。さらにインターネットの普及に伴ってイスラム2.0へのアップデートが進み、人々は自由に本音を語り始めました。インドネシアの世俗主義は、多宗教、多民族国家の平和と安定を担保するための「共生の知恵」です。しかしイスラム法導入の支持者がこれだけ多いということは、それよりも、至高なる神の命令への絶対服従を優先させなければならないと信じている人が多いことを示しています。彼らは宗教の違いなど乗り越える必要などない、イスラム教という普遍宗教に全国民が服せば真に正しい平和がもたらされる、と信じるようになってきているのです。

優秀な学生が「カリフ制」同意

インドネシアの調査機関アルヴァラが二〇一七年、ジャワ島のトップレベルの高校と大学に通う学生四二〇〇人以上を対象に行った調査では、回答者のおよそ五人に一人がインドネシアにおけるカリフ制国家樹立を支持、およそ四人に一人がカリフ制国家樹立を実現させるためにジハードに赴く準備があると答えています。カリフ制というのはイスラム教スンニ派において正しいとされる政体で、唯一のカリフがイスラム教徒の集合体としてのイスラム共同体を束ねてイスラム法を執行するというものです。

現在、このカリフ制を再興し、イスラム法に基づく統治を行っていると主張しているのが「イスラム国」です。要するに、インドネシアの優秀な若者たちの四〜五人に一人は、「イスラム国」のあり方もジハードも支持している可能性があるのです。

また二〇一八年に公開されたマレーシア外務省の報告書「東南アジア諸国における大学生の過激化」によると、調査対象となったインドネシアの大学生のうち二四％が、「テロは目的を達成するための有効な戦略である」という項目について「強く同意する」と回答しています。「暴力的で過激な思想を持つことはテロを行わなければ問題はない」という項目については三九％が「強く同意」、「暴力的で過激な思想を持つ大学生が実際にテロ行為に及ぶ可能性はある」という項目については四八％が「強く同意」しています。

二〇一八年六月には、インドネシア国立リアウ大学の構内で爆弾を製造していた同大卒業生三人が逮捕される、という事件も発生しています。大学内のアジトからは手製爆弾の他にも手榴弾やエアライフルなど様々な武器が押収され、逮捕されたうちの一人は「JAD（インドネシアのイスラム国）」メンバーだとされています。

インドネシアは年齢中央値が二八歳という若者の多い国です。今後国を牽引するエリート層になるインドネシアの優秀な若者たちが、カリフ制やテロについてこのような認識を持っており、実際にテロ組織入りしたりテロを準備して逮捕されたりしているという実態を理解することは、今後経済的にも、人的交流の点においてもインドネシアとより深く関わっていくことになる私たちにとってもとても重要です。

ジハード主義者が少数派は「否」

これまでにシリアで「イスラム国」入りしたインドネシア人は既に六〇〇人を超え、シリア入りを試みて強制送還されたインドネシア人も五〇〇人を超えています。インドネシア国家警察は二〇一七年七月、潜在的なテロリストは国内に六〇〇人いると発表しました。「イスラム国」に忠誠を誓った組織も国内に六三あるとされ、二〇一八年には国防相がインドネシアは「イスラム国」の拠点になりつつあると警鐘を鳴らしました。

スラバヤの「家族テロ」の背後には、「インドネシアのイスラム国」たるＪＡＤ（ジェマ・アンシャルット・ダウラ）がいました。インドネシアの裁判所は二〇一八年六月にＪＡＤ指導者アマン・アブドゥッラフマーンに死刑判決を下し、七月にはＪＡＤの解散を命令しました。しかし、シリアやイラクの「イスラム国」と同様に、組織が解体されても思想は残ります。JADのナンバーツーであるザエナル・アンシャリは、法廷で裁判長がJADの非合法化と解散を命じた直後に「アッラーフ・アクバル（神は偉大なり）！」と叫びました。『コーラン』第一二章四〇節には、「裁定は神にのみ属し、あなたがたはかれ以外の何ものにも仕えてはならないと（神は）命じている」とあります。人間が作った法に基づいて実施された裁判で人間が下した判決など、彼らにとっては無意味なのです。

アマンが「イスラム国」に忠誠を誓ったのもJADを結成したのも、彼が服役中のことでした。彼は刑務所にいながらにしてJADの指導者であり、複数のテロ攻撃を実行させた首謀者とされています。特に二〇一六年のジャカルタでの同時テロ直前にアマンが刑務所から発行した次のようなファトワー（イスラム法的見解）は、今でもインドネシアのジハード主義者に大きな影響を与えているとされています。

「『イスラム国』に移住せよ。移住できないならば、どこでもいいのであなたの命をかけてジハードせよ。戦うことができない、もしくはその勇気がないならば、それを実行する者に対しあなたの財産を与えることで貢献せよ。もし財産で貢献できないならば、他者に対しジハードを敢行するよう促せ。もしそれすらできないというなら、あなたの忠誠にいったい何の意味があるというのだ？」

『コーラン』第九章四一節には、「あなたがたの財産と生命を捧げて神の道においてジハードせよ。もしあなたがたが理解するならば、それがあなたがたのために最善である」と記されています。アマンのファトワーは、こうした啓示に立脚しているからこそ広く支持されているのです。イスラム2.0へのアップデートが進み、啓示について知れば知るほど、ジハード主義者の主張が啓示の文字通りの意味に忠実であることが明らかになります。インドネシアでイスラム法の適用やジハードを支持する人々は、もはや「非常に限られたごく一部の特殊な過激思想を持つイスラム教徒」だけとは言えなくなってきています。

州知事が冒瀆罪で実刑判決

インドネシア社会が変化していることを世界に印象付ける事件がありました。中国系のプロテスタントであるジャカルタ特別州知事バスキ・プルナマ（通称アホック）氏が、イスラム教に対する冒瀆罪で訴追され、実刑判決を受けたケースです。

アホック氏は二〇一六年九月に選挙演説で、『コーラン』第五章五一節の「あなたがた信仰する者よ、ユダヤ人やキリスト教徒を仲間としてはならない」に言及し、「これを悪用する者に惑わされているからあなたたちは私に投票できないのだ」と述べました。

これに対し、ＦＰＩ（イスラム擁護戦線）などのイスラム原理主義組織が中心となって、知事辞任と冒瀆罪での起訴を要求する大規模デモを実施しました。ＭＵＩもアホック氏を非難、検察は宗教大臣の要請を受けて彼を宗教冒瀆罪で起訴し、禁錮一年の求刑を上回る禁錮二年の実刑判決が下されました。

アホック氏の発言を聞いたイスラム教徒の多くは、キリスト教徒である彼が『コーラン』を侮辱したと強い憤りを覚えました。神が「キリスト教徒を仲間としてはならない」と命じているのですから、イスラム教徒はキリスト教徒を仲間にしてはならないのです。『コーラン』など真に受けるなという主旨のアホック氏の演説は、『コーラン』の一言一句が神の言葉そのものでありその全てが普遍的に正しい、というイスラム教の教義の根幹を否定した、神を冒瀆したと受け止められたのです。

イスラム2.0へのアップデートが進めば進むほど、イスラム教徒にとって自分を取り囲む現実と神の意志との乖離は悩ましいものとなり、それは、フラストレーションとして人々の心の中に蓄積されます。アホック氏はもともと副知事であり、知事であったジョコ・ウィドド氏の大統領就任に伴い知事に就任しました。この時もＦＰＩは「不信仰者の知事就任を許すな」と抗議活動を行いましたが、この時はそれほどの大きな動きにはなりませんでした。このＦＰＩがアホック氏の「冒瀆発言」を見逃すはずがありません。原理主義化の進んだ一般信徒たちも、今回はＦＰＩの抗議に賛同、数十万人規模の大抗議デモへと発展しました。

宗教マイノリティへの寛容度低下

イスラム2.0時代以前から、インドネシアではイスラム教徒と異教徒との間でしばしば紛争が発生してきました。特にスハルト政権崩壊後は、社会の不安定さが宗派間紛争というかたちで露見しました。一九九八年一二月に、スラウェシ島のポソのイスラム教徒とキリスト教徒の間で勃発した紛争では一〇〇〇人以上が死亡、マルク州でも一九九九年から三年間にわたりイスラム教徒とキリスト教徒の紛争が続き五〇〇〇人以上が死亡、一九九八年五月には首都ジャカルタで反華人暴動が発生し、華人の家や家屋への放火、略奪、華人の殺害、女性への性的暴力などが大規模に行われ、一一万人の華人が国外に逃亡したとされています。

人権NGOヒューマン・ライツ・ウォッチは二〇〇六年以降、宗教的マイノリティへの寛容度の低下が深刻な状況にあると報告しています。政府が発表している宗教調和指数は、二〇一六年には七五・四ポイントでしたが、二〇一七年には七二・二ポイントに低下しました。

インドネシアの調査機関セタラ研究所によると、宗教的不寛容に関わる事件は二〇一五年には二三六件でしたが、二〇一六年には二七〇件に増加、信教の自由に対する侵害行為も一九七件から二〇八件に増加しました。二〇一六年にワヒド財団が実施した調査では、イスラム教徒の約六〇％が異教徒を嫌悪していると回答、そのうちの九二％が異教徒は国家機関で雇用されるべきではない、八二％が近所に住みたくないと回答しています。

異教徒に対する暴力行為が増加しているだけでなく、異教徒を嫌悪するイスラム教徒が実際かなり多いというのは、重い事実です。

検察が「異端者」通報アプリ開発

『コーラン』第三章一九節には、「神のもとの宗教はイスラム」とあります。ゆえにイスラム教徒は、イスラム教のみが唯一正しい宗教だと信じています。イスラム教が普遍真理だと信じることと他の宗教の存在や価値を認めることは、基本的には両立しません。「あなたにはあなたの信仰、あなたの信じる真理がある」と認めることは、イスラム教の普遍性を自ら否定することを意味するからです。

またイスラム教を信じない不信仰者について『コーラン』には、「神は彼らを呪い、彼らに怒り、彼らをサルやブタにした。彼らは邪神の奴隷であり、最悪の場所にいて、（正しい）道から遠く迷った者たち」（第五章六〇節）、「現世で屈辱を、来世でひどい懲罰を受ける」（第五章四一節）、「心の中に病気がある」（第二章一〇節）、「悪を行う」（第二章一二節）、「愚か者」（第二章一三節）、「聾唖で盲人」（第二章一八節）、「不義の徒」（第二九章四九節）、

「罪人」（第七七章四六節）など、実に多様な描写があります。何より不信仰者は「あなたがたの公然たる敵」（第四章一〇一節）であり、イスラム教徒には「彼らが手ずから人頭税（ジズヤ）を納め、屈服するまで戦え」（第九章二九節）と命じられてもいます。

既出の二〇〇五年のMUIのファトワーが示すように、全ての国民に信仰の自由を認め、イスラム教以外にも五つの宗教を公認するインドネシアのあり方は、これらの啓示とは完全に矛盾しています。アホック事件や各種世論調査で明らかになった異教徒への嫌悪は、イスラム教が絶対優位におかれるべきであり、イスラム的価値がインドネシアを覆っていないのはおかしい、というイスラム教徒の不満を表しています。

近年、インドネシアのイスラム教徒が異教徒に対してあからさまに不寛容な行動をとる傾向も強まっています。二〇一八年に中国系仏教徒の女性が近所のモスクに対し、礼拝を呼びかけるアザーンの声がうるさいのでスピーカーの音量を下げてほしいと依頼したところ、怒り狂ったイスラム教徒たちが仏教寺院一二カ所を略奪したり焼き払ったりする暴動が発生、女性は宗教冒瀆罪で起訴され禁錮一年六月の実刑判決を受けました。二〇一八年には、スマトラ島にあるキリスト教の教会が当局によって突然閉鎖されました。二〇一九年には、キリスト教徒のアーティストの一家が「異教徒である」という理由で住んでいたジョグジャカルタの村から追放され、東ジャワの村ではキリスト教徒女性が死亡した際に

「異教徒である」という理由で埋葬が拒否されました。西ジャワではヒンドゥー教寺院建設に反対するイスラム教徒が、「建設を強行したら我々はジハードを実行する」と書かれた垂れ幕を掲げてデモをする映像がソーシャルメディアで出回りました。バレンタイン、クリスマス、春節など、異教的な文化を排除すべきだとする運動も各地で散発しています。

イスラム2.0は官民問わず、インドネシアのイスラム教徒をこれまでには見られなかったような行動へと駆り立てています。二〇一八年には、インドネシア検察が宗教的「異端者」を当局に通報するためのスマホアプリを開発し、Google Playなどで配信開始しました。人権団体は「隣人同士が互いを異端だと通報しあうようになるのは極めて遺憾」であり、社会を分断することになりかねないと懸念を表明しています。

様々な宗教的アイデンティティを持つ人々が、「多様性の中の統一」という価値を最優先させていたからこそ守られてきたインドネシアの国家的統一は、多数派のイスラム教徒がイスラム的価値を最優先にせよと主張し始めたことで揺らぎつつあります。イスラム教徒以外の宗教的マイノリティが、イスラム的価値を最優先にせよという主張に積極的に賛成するわけがありません。ひとつの国の中に、相反する普遍価値を主張する集団が出現すれば、国は分裂します。声の大きな多数派の勢いにとても太刀打ちできないと諦めた少数派のキリスト教徒などが、インドネシアから移住するケースも増えつつあります。

人生観が揺らぐ

イスラム2.0時代は、アイデンティティ危機の時代でもあります。

近代以降のイスラム教徒のほとんどは、世俗法が適用されている近代国家の国民としてこの世に生まれます。そうである以上、その国の法を遵守する義務を負わざるをえません。また彼らの多くは、現代の消費文化にどっぷり浸った日常生活を送っています。

近代国家の国民として生まれ、消費文化に浸った生活を送っているという点においては、私たち日本人も彼らと変わりません。日常にただただ埋没して生きる人もいれば、焦燥感を覚える人、あるいは精神を病む人もいますし、自分なりの支えや生きがいを求めてさまよう人もいれば、そもそもその現状に何ら憂いを感じない人もいます。

しかしイスラム教徒の場合は、事情が大いに異なります。イスラム2.0へのアップデートが進み、啓示に親しめば親しむほど、近代国家の国民であることも、消費文化にどっぷり浸った生活を送っていることも、自分を取り巻く全てが神の命令に反する罪深いものであるかのように思えてくるからです。真に正しいイスラム教徒として生きるためには、それらの全てを捨て、それこそ「イスラム国」入りするような方向性以外に何か道はないのか……。この悩みはインドネシアのイスラム教徒に限ったものではありません。おそらく世界中の多くのイスラム教徒が、多かれ少なかれ、「この世」と「あの世」に引き裂かれた苦しい状況を生きています。

この傾向は、インターネットに親和性の高い若者に特に顕著です。

既出の報告書「東南アジア諸国における大学生の過激化」によると、「インターネットと大学生は切り離せない」という項目について、インドネシアの若者の八七％が「強く同意する」と回答しています。彼らにとって、イスラム教について検索することは、流行りの歌手や美味しいレストランについて検索するのと同じくらい自然なことです。そして検索すればするほど、啓示に忠実であることこそが最も正しい、という伝統的なイスラム教の価値観に惹きつけられるのもまた、イスラム教の教義を踏まえれば自然です。

二〇一九年にピュー・リサーチ・センターが公開した調査によると、二〇年前と比較し、自国における宗教の重要性が増加したと回答した人が調査国中で最も多かったのがインドネシア（八三％）でした。インドネシアでは八五％の人が、自国において宗教の果たす役割が増加することについて賛成すると回答してもいます。

こうした結果が暗示しているのは、おそらくインドネシアは、イスラム諸国の中でもイスラム2.0の影響を最も強く受けた国のひとつであろうということです。なぜならインドネシアは、多文化主義を旨とする世俗国家の看板を掲げているという点で他のイスラム諸国とは大いに異なるからです。イスラム的価値がもともと優越している国でイスラム2.0化が進むのと、イスラム教徒が多数であるにもかかわらずイスラム的価値が優越していない国でイスラム2.0化が進むのとでは、インパクトが全く異なります。守られていなければならなかったはずの価値が長いこと軽視されてきた、自分たちは騙されてきた、という思いが、より一層強く噴出する素地があるからです。

SNSの影響力

イスラム教について検索すればするほど、イスラム教徒は啓示の文字通りの意味に近い、原理主義的な解釈に惹きつけられる傾向にあります。イスラム1.0時代にはひた隠しにされてきた暴力的ジハードについても、伝統的に正統な教義であることに早々に気づきます。しかも暴力的ジハードを現在進行形で実行している「イスラム国」は、SNSやメッセージアプリなどの扱いに長けており、それらを通じて常に暴力的ジハードの最前線についての「最新情報」を発信し続けています。

「東南アジア諸国における大学生の過激化」によると、インドネシアの若者の四五%が「テロ組織のサイトを訪問する」という項目について「はい」と回答、六五%が「テロリストはインターネットを使って勧誘活動を行っている」について「強く同意する」と回答しています。

インターネット上には、マスメディアが放送しないような残虐な映像も多く出回っています。同調査では、インドネシアの若者の四六％が「人々が苦しむ残虐な画像や映像は個人が過激化したりテロ攻撃を行おうと考えたりする契機になる」という項目について「強く同意する」、五三％が「同じ宗教や民族に属する人々が世界のどこかで不正を被っているという気持ちは、彼らを守るためのテロ行為につながりうる」という項目について「強く同意する」と回答しています。

アメリカ主導の有志連合軍は「テロとの戦い」という名目のもと、シリアやイラク、アフガニスタン、イエメン、ソマリアなど多くのイスラム諸国において、テロリストだけではなく無辜《むこ》のイスラム教徒の頭上にも爆弾を雨あられと投下しました。たとえば有志連合軍は二〇一九年五月、二〇一四年八月からシリアとイラクで実施してきた「イスラム国」掃討作戦によって「意図せず殺害した民間人」は一三〇二人にのぼると発表しました。人権団体アムネスティ・インターナショナルや空爆による民間人の犠牲を監視するエアウォーズは、実際の犠牲者数はこれよりはるかに多いと指摘しています。

有志連合軍が民間人犠牲者をどれほど少なく見積もろうとも、彼らの攻撃とそれによって犠牲となったイスラム教徒の映像は、インターネットを介して世界中に広まっています。「異教徒」による軍事作戦で死亡した子供、瀕死の重傷を負ってぐったりとした子供、子供を失って泣き叫ぶ女性……。インドネシアの若者たちは、遠方にいる同宗者たちが苦しむこうした映像を見て、強い怒りや憤りを感じているのです。

もちろんそうした若者のうち、実際に「イスラム国」入りしたり暴力的ジハードを実践したりする人はごくわずかです。彼らは暴力的ジハードに参加する手前の段階で、どうにかして「この世」と「あの世」に折り合いをつけようと模索しているように見えます。

心の安定を求めて「ヒジュラ」流行

そのひとつの表れが、近年インドネシアで社会現象となっている「ヒジュラ」です。ヒジュラはもともと、イスラム教の預言者ムハンマドが、メッカでの迫害を逃れてメディナに移住したことを意味するアラビア語です。イスラム教は、預言者ムハンマドがヒジュラした西暦六二二年をヒジュラ暦元年としています。

しかし今、インドネシアの若者に広まり社会現象となっているヒジュラは、メディナへの移住の意ではありません。それは概ね、「現在の罪深いライフスタイルを棄ててイスラム教に回帰すること」と定義することができます。

そうは言っても彼らが求めているのは、必ずしも近代文化を全て棄て一足飛びに「イスラム国」入りするような、そういったかたちの「イスラム教への回帰」ではありません。

しかしこのまま「罪深い生活」を続けるのも我慢がならない……。そういった若者たちが今、自由や消費文化などを「ある程度」控えたり制限したりすることによってこれまで犯してきた「罪」を贖《あがな》い、そこから「ある程度」イスラム的なライフスタイルを取り入れることによって心のバランスをとろうと、「ヒジュラ」し始めています。

彼らはその「絶妙なさじ加減」の具体例を、Instagram や Facebook に膨大なフォロワーを持つヒジュラ・セレブや、日常的な問題にからめて視聴者を魅了する語り口でイスラム教について説く Youtuber 説教師に求めています。彼らがイスラム教への覚醒や学びにおいて頼りにしているのは、伝統的な宗教エリートではなく、ネット上の有名人なのです。「ウィー・アー・ソーシャル」が公開した二〇一九年デジタル・レポートによると、インドネシアの全国民二億六八〇〇万人のうち半数を超える一億五〇〇〇万人ほどがソーシャルメディアのアクティブ・ユーザーであり、一日八時間以上をオンラインで過ごし、ソーシャルメディアだけでも一日三時間以上費やしているとされています。三大人気ソーシャルメディアが Facebook、Instagram、Youtube です。イスラム2.0時代を生きる彼らにとって、毎日多くの時間を費やすオンライン上のヒジュラ・セレブや Youtuber 説教師のほうが、宗教エリートよりもずっと身近で、頼りになるロールモデルなのです。

女性の生き方も変えた

Instagram や Facebook には、自らのヒジュラ体験を語り、その後の「幸せな」毎日について発信し続けるヒジュラ・セレブが複数存在しています。代表的な例が、女優で三児の母でもあるシリーン・スンカルです。彼女は Instagram に一六〇〇万人ものフォロワーを持ち、「神のおかげで幸せな母であり妻です！」というページで発信を続けています。

彼女は自らのヒジュラ体験について、次のような調子で語ります。

「私は二一歳で結婚しましたが、その時はまだヒジャーブをしていませんでした。私をヒジュラへと導いてくれたのは夫です。夫は結婚後イスラム教について勉強を始めてから、私に対して人が変わったように優しくなりました。イスラム教における正しい妻の扱い方を学び、実践するようになったからです。彼は次第に、私にもヒジャーブをしろと言うようになりました。多少強制じみていたのは、彼がまだ完全にはヒジュラしきれていなかったからです。私は最初ヒジャーブに抵抗がありましたが、勇気を出して被ってみました。すると夫が驚くほど褒めてくれたのです。私がいくら念入りにお化粧してもちっとも褒めてくれなかった夫が、ヒジャーブをしただけで君は何て美しいのだと言ってひっきりなしに褒めてくれるのです。私は夫にずっと褒めてもらいたいのでヒジャーブをし続けることにしました。そして夫にならって、ヒジュラしようときめたのです」

彼女のヒジュラ体験談には、一般市民が納得し、かつ真似しやすいポイントがいくつもあります。第一に、彼女の夫は元来、妻である彼女に対してそれほど優しくはなかったにもかかわらず、イスラム教について学ぶことにより優しくなった、という点です。

つまり、人間は誰でも主体的にヒジュラすることにより自らを良い方向に変えることができるのだ、という実例です。その「良い変化」を妻が客観的に語っているのですから、説得力があります。「罪深い生活」をしているという自覚を持つイスラム教徒は、こうした体験談を聞くことを通して「そうか、イスラム教について勉強してヒジュラすれば、自分もより善きイスラム教徒になれるのか」と納得することができます。

第二に、ヒジャーブするというヒジュラへの第一歩はそれほど敷居が高くない、という点です。たしかにヒジャーブの着用は、何も被らない自由と比較すれば窮屈です。しかし、その自由を神のため、「あの世」のために制限することが、これまでの「罪深い生活」に対する贖いになると思えば納得できる、という程度の窮屈さです。

第三に、ヒジャーブ着用が単に神や「あの世」のためではなく、「この世」における幸せや夫婦関係の改善にも直結している、という点です。イスラム教は教義の上では完全に「あの世」志向ですが、「あの世」のために行う信仰行為が「この世」での幸福も生み出すとしたら、こんなに素晴らしいことはありません。

若くして結婚し、夫に促されてヒジュラし、子供にも恵まれ、妻として夫に愛され大事にされながら、母としても輝き続ける……。悩み、迷いながら現代を生きるイスラム教徒女性にとって、これほどしっくりくるロールモデルを伝統的宗教エリートの中に見いだすのは不可能です。そもそもイスラム教の宗教エリートには基本的に女性はいません。

元JKT48がヒジュラ・セレブ

インドネシアのアイドルグループJKT48の元メンバーで、「JKT48第一回選抜総選挙」で一位を獲得したメロディー・ヌランダニ・ラクサニも、ヒジュラ・セレブの一人です。彼女は二〇一八年三月にJKTを卒業、結婚式の前撮り写真を撮影する一〇月にヒジュラしてヒジャーブをつけはじめました。これについてメロディーは「最初は窮屈だった」と告白しつつも、「夫がヒジャーブをしているほうが美しいと言ってくれる」とシリーン・スンカルと同様のモチベーションを語っています。

またメロディーは、「自分が何かをするときはまず夫に許可をとらなければならない」と「正しいイスラム教徒の妻」としての従順さを表明しつつ、「夫が許してくれた」ため、モデスト・ファッションのメーカーとコラボしたり、ファッション・ミューズとして活動したりするなど、ヒジュラ後ますます「輝くイスラム教徒妻」たる姿をInstagramなどで公開しています。トップ・アイドルから貞淑で従順な妻というメロディーのヒジュラ体験もまた、人々の憧れとして十分な魅力があります。

ヒジュラするために具体的に何をするかは人によっても異なりますが、ヒジャーブ着用以外にもいくつか代表的なものがあります。女性の場合には、ヒジャーブしていた人が目以外の全てを覆い隠すニカーブを着用するようになる場合もあります。男性の場合には、足首の見える丈のパンツを着用するようになる人が多くいます。預言者ムハンマドのハディースには、神は復活の日に、足首の下に衣服が垂れ下がった服装をした男に対しては話しかけることも目をやることもない、というものがあるからです。サラフと呼ばれるイスラム初期三世代を手本として生きるイスラム教徒（サラフィー）が、足首の見える服装をするのはこれが理由です。

ヒジュラ・ブームで反K－POP

音楽は反イスラム的だとして、音楽を聞いたり、歌を歌ったりすることをやめたり、音楽の流れている場所に行くのを控えたりする人もいます。男女の交わりは反イスラムだとして、異性との接触を極力避ける人もいます。異教徒を利する行為は反イスラム的だとして、異教徒の資本の店を利用するのをやめる人もいます。インドネシアでは二〇一〇年代初頭からK－POPがブームになっていますが、反K－POPで名を馳せたファーズ・ナイムというヒジュラ・セレブもいます。彼は自分自身がBTSなどK－POPグループの「中毒」であっただけでなく、韓国文化にハマりすぎて韓国語を学ぶ一方、イスラム教で義務とされている一日五回の礼拝などは全く行わなかったという過去を告白しました。

ところがソーシャルメディアで、ある説教師に勧められてイスラム教について学ぶようになったところ、K－POPがLGBTや軽々しいセックスなど反イスラム的価値を促進する極めて危険な文化であることを理解し、きっぱり縁を切った、と語っています。インドネシアでは、二〇一八年に予定されていたNU'ESTのコンサートがチケットの売れ行き不振で中止されたり、K－POPアイドルBLACKPINKのメンバー四人がミニスカートをはいて踊るCMは「ふしだら」でありインドネシアの道徳に反している、としてインドネシア放送協会が放送を禁じたりするなど、国全体が反K－POPに向かいつつあります。背景にあるのは、イスラム2.0化の進行やヒジュラ・ブームだと言えます。

大統領選とYoutuber説教師

イスラム2.0時代のインドネシアでは若者のモスク離れが進み、閑散としたモスクが過激派の巣窟になっていると問題視されています。二〇一八年に、インドネシアのシャリーフ・ヒダーヤトゥッラー・イスラム国家大学が一七歳から二四歳の若者を対象に実施した調査は、「若いイスラム教徒たちはモスクでイスラム教について学ぶ興味を失っており、その原因はソーシャルメディア上の説教である」と報告しています。若者たちはイスラム教についても、自分が知りたいことを、知りたい時に、好みの説教師から学ぶというスタイルを採用しているのです。これは金曜日にモスクに行った際、導師が行う「当たり障りのない説教」を受け身の姿勢で聞くだけだったイスラム1.0時代とは全く異なります。

インドネシアのYoutuber説教師の代表格が、アブドゥルソマド師です。彼はユーモアを交えつつ、聴衆と対話しながらイスラム教について独特のスタイルで語るカリスマとして知られ、Youtubeには様々なチャンネルで膨大な数の説教映像がアップされています。彼は二〇一七年にあるYoutubeチャンネルで、スターバックスはＬＧＢＴを支援しているため、そこでコーヒーを買うイスラム教徒は地獄に行くと説教したところ、「お前が日頃使っているYoutubeやFacebookだって親ＬＧＢＴじゃないか！」と非難されてＳＮＳが炎上しました。しかし彼は、「私はイスラム教を広める目的でソーシャルネットワークをツールとして使っているだけである。それによってもたらされる利益は害悪よりも大きい。だがスターバックスでコーヒーを買ってもイスラム教を広めるという利益はもたらされない」と「正しく」反論し、それによって一層人々の支持と人気を得ました。

ある物事の善悪を判断する際に、そこに含まれる利益の要素と害悪の要素を比較し、前者が後者に勝る場合にはそれを善とみなす、という利益衡量《こうりよう》の原則は、古典的イスラム法理論に立脚しています。彼の人気を支えているのは、彼の持つ確かなイスラム法学についての知見だと言えます。

アブドゥルソマド師は政治においても、宗教エリート以上に大きな影響力を持ち始めています。大統領選を半年後に控えた二〇一八年一〇月にインドネシア調査サークルLSIが実施した調査では、大統領選について誰の意見を傾聴するかという質問に対し、有権者の四一%が「宗教指導者」と回答、「意見を傾聴する指導者」として最も多くの人が名を挙げたのがアブドゥルソマド師（三〇%）でした。他にも名前が挙げられたのは人気テレビ説教師のアリフィン・イルハム師（二五%）やユースフ・マンスール師（二四%）などで、NUやムハマディヤなど伝統的イスラム組織の幹部のような古参の宗教エリートより、若手で、かつメディアをうまく使った宗教指導者らのほうがはるかに大きな影響力、発信力を持つことが明らかになっています。

現在インドネシアでソーシャルメディアを通じて広まりつつあるイスラム教は、間違いなくイスラム1.0より原理主義的なイスラム教です。イスラム1.0の主たる担い手であったインドネシアの二大イスラム組織であるNUとムハマディヤはともに、この傾向についてもヒジュラ・ブームについても批判的です。しかしこうした伝統的宗教権威には、ヒジュラ・セレブやYoutuber説教師の持つ魅力や身近さ、率直さなどが欠けている点は否めません。

ヒジュラは一時的なブームかもしれません。かなり世俗的だったインドネシアのイスラム教徒がさらに原理主義的になっていくまでの、過渡期的な現象だととらえることもできます。しかし今後一層インドネシアと深く付き合うことが予想される日本人にとって、インドネシアでこのような変化が起きていることを「知らない」で済ませるのは得策ではありません。二〇年前の日本人と今の日本人が全く異なるように、インドネシア人やインドネシアも急速な変化の時代を生きているのです。

第四章

イスラム・ポピュリズム

選挙戦は原理主義者に忖度

イスラム2.0は、政治のあり方にも大きな変化をもたらしつつあります。多宗教・多文化共生を国是としてきたインドネシアで二〇一九年四月に実施された大統領選挙は、政治がもはやイスラム教に忖度することなしには立ち行かないことを明らかにしました。

現職のジョコウィ大統領は、選挙戦序盤で劣勢が伝えられていました。主な理由は「イスラム的価値」の重視が不足しているというもので、「宗教的マイノリティに寛容すぎる」彼を「不信仰者」と罵る声さえ聞かれました。対するプラボウォ・スビアント候補は、イスラム国家樹立を目指すFPI（イスラム擁護戦線）など、いわゆる「保守派」とされる原理主義的イスラム教徒から強い支持を受けていました。

そこでジョコウィ氏がとったのが、インドネシア最大のイスラム組織NU（ナフダトゥル・ウラマー）の総裁にして、NUやムハマディヤなど代表的イスラム組織が加盟するMUI（インドネシア・イスラム法学者評議会）の議長でもあるマアルフ・アミン氏を副大統領候補に選出するという策でした。「イスラム的価値」の体現者とも言うべき同氏をパートナーにすることで「イスラム票」を取り込もうという、極めてわかりやすい戦略です。

大統領選の半年前に、インドネシア調査サークルLSIが選挙に際して誰の意見を参考にするかについて調査したところ、有権者の五一％が宗教指導者と回答し、政治家と回答した一一％、政治評論家と回答した四％を大きく上回りました。今のインドネシア市民にとって、選挙という「政治」的判断を下すうえで最も重要なのは「宗教」という要素です。

ジョコウィ氏は、プラボウォ氏の掲げる「イスラム的価値」にインドネシアの国是「多様性の中の統一」で対抗することはなく、逆に「イスラム的価値」を重視するイスラム教徒の票を奪い合う作戦を採用しました。ジョコウィ氏は再選を果たしましたが、イスラム的価値を重視する原理主義的なイスラム教徒に忖度することなしには、もはやインドネシアの政治は立ち行かないのだ、ということを人々に思い知らせる結果となりました。

政教一致は「善」

この一連の動きは、インドネシアのイスラム教徒のイスラム2.0へのアップデートがかなり進んでいることを裏付けています。イスラム2.0化が進むと、人々はおのずと原理主義的になります。イスラム教は本質的に極めて政治的な宗教です。政治と宗教を分ける政教分離の考えは、この世の全ての支配者は神であり、政治も宗教も世界の全ては神の法に従って営まれねばならない、とするイスラム教の考えの対極に位置付けられます。イスラム2.0化が進んだ市民はイスラム法に基づく統治を理想とするようになり、少なくとも現状よりイスラム的価値を反映する政治が行われるべきと考えるようになっています。二〇一〇年にピュー・リサーチ・センターが実施した調査によれば、イスラム教が政治において大きな役割を果たすことは善いことだと回答したインドネシア人は九五％でした。

「政教分離は善」という近代的な考え方でみると、政治に宗教を持ち込むことは〝悪〟と考えられます。しかし、政教一致を善と考えるイスラム教の立場に立つと、イスラム的価値に立脚して政治が行われていないことは不自然であり、かつ神の命令に背く反イスラム的な状況に映ります。インドネシアのイスラム教徒たちは、選挙という「合法的な手段」を通して反イスラム的状況の是正を図らなければならないと考え始めているのです。

ジョコウィ氏はこれまで、マイノリティや弱者を擁護する姿勢と政策で知られ、三四人の閣僚のうち五人がイスラム教徒以外の宗教的マイノリティだったこともあります。これは民主主義の原則から見ても、また多様性の中の統一というインドネシアの国是に鑑みても、実に「正しい」ものだと言えます。彼がこの「正しい」姿勢から急速にイスラム的価値に忖度する姿勢に転じたのは、多数派のイスラム教徒の多くが、民主主義や多様性の中の統一よりもイスラム的価値を重視する方向へとシフトしてきたからです。

このように、市民の多数派が共有するイスラム的価値への忖度なしには支持が得られず、求心力を保てない政治のあり方を、私は「イスラム・ポピュリズム」と呼んでいます。

反LGBTが活発化

二〇一九年の大統領選以前から、インドネシアではイスラム・ポピュリズムをうかがわせる動きが見られました。象徴的なもののひとつが、LGBTに対する当局の対応です。LGBTはイスラム法においては完全に否定されます。ゆえに一般大衆たるイスラム教徒のイスラム2.0化が進行するほど、風当たりが強くなるのは致し方ありません。ピュー・リサーチ・センターが二〇一三年に実施した調査によると、インドネシアのイスラム教徒の九三％が社会は同性愛を受け入れるべきではないと回答、二〇一六年から二〇一七年にかけて実施した調査によると、八七％が「LGBTは私的、公的生活における脅威である」と回答しています。

インドネシアではアチェ州など特定の場所を除き、同性愛行為は違法ではありません。しかしジョコウィ氏が二期目の副大統領としてパートナーに選んだマアルフ氏とその母体のNUは長年、同性愛行為を反イスラム的であるとして法的取り締まりを要請してきました。MUIも二〇一五年、「同性愛行為は鞭打ち刑、場合によっては死刑に処されるべきである」というファトワー（イスラム法的見解）を発行しています。

二〇一六年一月に、ジョコウィ政権の高等教育相が大学のLGBT団体を禁じたいと発言したのを皮切りに、国防相が「LGBTはインドネシア人を洗脳するための代理戦争」

であり「核戦争より危険」と発言するなど、閣僚や政治家や地方自治体当局者などが次々と反LGBTを露骨に表明し始めています。警察がパーティー会場やクラブ、サウナ、ヘアサロンなどに踏み込んで、ポルノ禁止法や麻薬取締法などの違反容疑でLGBTを拘束するケースも増加しています。二〇一七年には、性的指向が原因で逮捕された人の数は少なくとも三〇〇人とされ、過去最多を記録しました。国連はLGBTの人権を守るようインドネシア政府に要請、ヒューマン・ライツ・ウォッチは「インドネシアで空前のLGBT攻撃が始まった」と警鐘を鳴らし、多様性の中の統一という国のモットーに著しく反する「モラル・パニック」が発生しているなど、繰り返し非難声明を出しています。

それでもLGBTに対する冒瀆やハラスメント、暴力が公にされるのは非常に稀です。なぜなら彼らは、自分たちの性的指向が明らかにされるのを恐れて、被害届を出したり声をあげたりするのを避けるからです。彼ら自身が拘束される可能性があり、しかも加害者が当局に咎められることはほとんどありません。

SNSで晒されて当局に通報

Instagram や Twitter では、個人情報を晒して「この人はLGBTだから当局に通報しよう」と呼びかける「活動」を目にすることも少なくありません。二〇一八年に西スマトラ州パダンでは、ある女性が恋人の女性とキスする写真をFacebookに投稿したところ、これを見た住民が風紀取締隊に通報、一〇人が拘束されるという事件も発生しました。

インドネシアの全国放送委員会は二〇一六年、ＬＧＢＴの逸脱行為を青少年が真似るのを防ぐため、テレビやラジオの番組であたかもＬＧＢＴが「普通」であるかのように見せることを禁じるルールを強化し、テレビなどにＬＧＢＴが出演することを事実上禁じました。街中で「ＬＧＢＴは感染症」と書かれた垂れ幕が掲げられている光景や、反ＬＧＢＴ演説をする人々の姿も、珍しくなくなりました。二〇一九年に政府機関のインドネシア人口・家族計画機関の長が、ＬＧＢＴは「国家発展の主たる敵」「宗教規範に違反しているだけでなく、こうした性的逸脱は我々を弱体化させている」と述べ、各自治体にこの「病気」との戦いを呼びかけました。

インドネシアでは、社会全体があからさまに反ＬＧＢＴに傾いている以上、彼らを保護することは得策ではない、という政治的配慮が全国各地で働いているようです。

二〇一九年に再選を果たしたジョコウィ大統領も、例外ではありません。ヒューマン・ライツ・ウォッチはジョコウィ氏について、「インドネシアは穏健と寛容の国であると口では言いつつ、多数派であるスンニ派イスラム教徒の性的マイノリティや宗教的マイノリティに対する嫌がらせや暴力的攻撃に一切対応せず、全く保護していない」と非難しています。LGBT規制を求めている人々の要請に応じない政治家は、もはやインドネシアでは選ばれない時代になってきているということを、政治家自身が認識しているのです。

マレーシアでも同性愛者は差別

反LGBTというかたちでイスラム・ポピュリズムが表出しているのは、インドネシアだけではありません。マレーシアでも、二〇一八年のマハティール首相就任後からLGBTの逮捕者が急増しています。マレーシアもイスラム教徒が六〇%以上を占める国ですが、インドネシアとは異なり同性愛行為を違法としています。二〇一三年のピュー・リサーチ・センターの調査で、マレーシア人の八六%が同性愛は社会で受け入れられるべきではないと回答しているように、もともとLGBTに対して寛容ではないうえに、事態はここ数年悪化しています。

マハティール首相の考えは明白です。二〇一八年一〇月にタイを訪問した際に彼は、「マレーシアはLGBTを受け入れない」と明言、マレーシアの価値観はマレーシアの文明や宗教に基づいており、伝統的な家族観や結婚観を蔑《ないがし》ろにする西洋を真似るつもりは一切ない、押し付けはやめてほしいと語りました。同性婚についても、「たとえ西洋諸国で人権とみなされていても、我々が認めることのできないものはある」と述べています。

イギリス誌『エコノミスト』傘下にあるEIU（エコノミスト・インテリジェンス・ユニット）は、世界一六五カ国と二地域を対象に、選挙の過程と多元性、市民の自由、政府の機能、政治参加、政治文化という五つの観点から各国の民主主義指数を評価しています。二〇一八年に発表された民主主義指数ランキングによると、イスラム教徒が多数を占めるイスラム諸国五七カ国のうち、一六カ国が最下位の二五カ国の中に含まれており、四九カ国は下位一〇〇カ国の中に留まっています。上位一〇〇カ国に食い込んだのは八カ国のみで、その中で最高の五二位にランクインしているのがマレーシアです。イスラム諸国の中で最も民主的とされるマレーシアの近年の動向は、イスラム教とLGBTが民主主義の枠組みで共存する難しさを露呈しています。

ブルネイはイスラム刑法導入国

二〇一九年に入り、反LGBTの制度化をもう一歩進めたのがブルネイです。二〇一四年から段階的にイスラム刑法を導入、二〇一九年四月に完全施行し、東南アジアで唯一、国全体でイスラム刑法を適用する国家となりました。イスラム刑法ですから窃盗には手首、足首の切断刑、姦通には鞭打ち刑か石打ち刑、同性愛には石打ち刑を規定しています。

国連のグテーレス事務総長は、「残虐な刑罰」であり人権に対する明らかな違反だと談話を発表し、人権団体アムネスティ・インターナショナルは、「成人間の合意に基づく性交や同性愛行為は犯罪ではない」として「残忍」な新法の適用中止を要求しました。

同性愛者の人権擁護活動で知られる俳優のジョージ・クルーニーは、「我々は罪なき市民を殺害するための資金を提供すべきか」とブログメディア『デッドライン・ハリウッド』に投稿、ブルネイ系ホテルの宿泊をボイコットするよう呼びかけました。ブルネイへの制裁の検討を始めた欧州議会に対し、同国は次のような主旨の書簡を提出しました。

「ブルネイの国教はイスラム教であり、イスラム教は人々の生活様式を規定している。ブルネイは誇りある主権国家であり、独自の文化的、宗教的価値を反映した法規範を施行する。ブルネイは国際的な人権の価値を尊重するが、一方で世界には文化的、宗教的価値の多様性があり、人権について全ての人に適用される唯一の基準などは存在しないと考える。ブルネイはイスラム法と世俗法という二重の法システムを採用しており、イスラム法の目的は宗教、生命、理性、財産、子孫を保全することである。イスラム法の刑罰は『コーラン』において神が定め、ハディースにおいて預言者ムハンマドが定めた規範である。よってそれらの適用をいかなる形の『過激化』であるとも誤解してはならない」

しかし、欧州議会はこの「弁明」に耳をかすことはなく、ブルネイに対するビザの凍結、発行禁止、ブルネイ系の九軒のホテルをブラックリスト化する制裁を決定しました。

ジョージ・クルーニーの早合点

抗議や制裁決定を受け、五月にはブルネイ国王が「イスラム法について多くの誤解が生じている」と苦言を呈しつつ、同性愛行為や姦通に対する石打ち刑適用の猶予を発表しました。この決定後、ジョージ・クルーニーはアメリカの人気トーク番組に出演し、「ブルネイの決定は次への大きなステップ」だと勝利宣言し、「インドネシアやマレーシアに対し、こうした法律が『高くつく』という警告になっただろう」とも述べました。

しかしジョージ・クルーニーは、本当に「勝利」したのでしょうか？　マレーシア人LGBT活動家ヌマン・アフィーフィー氏は、彼の発言について「保守的な人々の反発と警戒心を強めさせ、マレーシアやインドネシアの活動家をより危険にさらしただけ。こうした外圧では状況は改善しない」と抗議のコメントを出しました。イスラム教徒の中には、LGBTが反イスラム的であるだけでなく、イスラム教徒を根絶やしにするための欧米の陰謀だと信じている人が少なくありません。そうした環境の中で少しずつでも権利を実現させようと活動するヌマン氏のような人にとって、ジョージ・クルーニーの活動は援護射撃どころか余計なお世話だったのです。実際に苦しむ当事者に寄り添うことのできない活動は、外国人セレブの独善的な自己満足にすぎないと批判されても致し方ありません。

近代的価値においては、時代が変われば人々の考え方も変わり、それにあわせて法や制度も変わるべきだと考えられています。法や制度が個人の自由を制限するようなことがあってはならないというのが近代の原則なので、西洋諸国では法的、制度的にＬＧＢＴの「生きやすさ」に配慮しなければならないことが共通認識となりつつあります。

しかしイスラム教では、時代が変わっても神の法は変わらないと考えます。気まぐれにコロコロと変わる時代や人の気分などに全く左右されない天賦の法だからこそ、イスラム法には価値があるのです。イスラム法が不変だからこそ、イスラム教徒はそれを信じそれに付き従えば来世で救済されると信じることができるのです。

理性だけでは善悪を判断できない

市民のイスラム2.0化が進み、政治家もそれに忖度するようになると、西洋由来の近代的価値に立脚した政治とはおのずと逆方向に進むことになります。二〇〇一年四月にオランダで世界初の同性婚が認められて以降、欧米では同性婚容認の動きが広まっています。しかしイスラム教においては、『コーラン』第五三章四五節に「彼（神）は男と女を夫婦として創造した」とあるように、人間の性別は男と女しか存在しておらず、男と女が結婚する以外の結婚などありえません。二〇〇六年七月には世界一〇〇カ国以上から代表者が集まり、ＬＧＢＴの人権擁護を目指すモントリオール宣言が採択されました。そこでは、同性愛行為に死刑を科すことは「全ての人間は生まれながらにして自由であり、尊厳と権利において平等である」という世界人権宣言第一条に違反している、とされています。

一方、同性愛行為についてイスラム法は、『コーラン』第一一章八二節に「彼（神）は我々に命令をし、我々はそれ（街）をひっくり返して彼ら（同性愛行為をした者）に焼けた泥の石と雨を浴びせかけた」とあることや、ハディースに「あなたがたはもしロトの民がすること（同性愛行為）をする者を見たら、それをする者もされる者も殺せ」とあることなどに基づき、死刑にあたる大罪と規定しています。

近代は啓示に対する理性の優越を原則とし、人間は理性だけで物事の善悪を判断できると考えます。ところがイスラム教は、人間は理性だけでは物事の善悪を正しく判断できないと考えます。『コーラン』第二章二一六節に「あなたがたは自分たちにとって善いことを嫌うかもしれない。また自分たちにとって悪いことを好むかもしれない。あなたがたは知らないが、神は知っておられる」と記されている通りです。同性婚やＬＧＢＴを認めることは、二一世紀を生きる人間の理性で判断すると「正しい」ことなのかもしれません。しかし神の目から見ると、それは「過ち」なのです。

イスラム的価値観が長らく支配的であるイスラム諸国においては、反ＬＧＢＴは既定路線です。二〇一一年に男性同性愛者三人を処刑したイランの外相は、二〇一九年ドイツ紙のインタビューで、「我々の社会には我々の道徳原則があり、我々はそれに従って生きている。これは一般の人々の行動に関する道徳原則である。それゆえこの法は支持されるのであり、あなたはその法を遵守しなければならない」と回答しました。ウィキリークスは二〇〇八年、イランでは一九七九年のイラン・イスラム革命以降、四千人から六千人の同性愛者に対して死刑が執行されたとしています。

中東諸国において当局がＬＧＢＴを厳しく処罰するのは、政権に不満をもつ一般大衆に対する「ガス抜き」効果を狙っているという側面もあります。イスラム2.0へのアップデートが進んだ一般のイスラム教徒たちは総じて、よりイスラム的価値の反映された社会を求める傾向にあります。当局は、そうした大衆の要請に応じる必要性を認識しているものの、後述するように、全てをイスラム化するわけにはいきません。人々は政府によるＬＧＢＴ摘発を見てイスラム的正義の執行を確認し、政権への不満が少しは緩和されたと感じる、おそらくそういった効果が期待されていると考えられます。

「棄教＝死刑」は世界で八カ国

イスラム2.0時代は、イスラム1.0時代だったらなんとなく「イスラム的にも大丈夫」と許容されてきたことも、啓示に基づいて「合法」「違法」がはっきりと判断される時代です。

この傾向に対するバックラッシュ（揺り戻し）のひとつが棄教です。イスラム法において、棄教は死刑にあたる大罪です。法源となっているのは、『コーラン』第三章九〇節「一度信仰した後で不信仰に陥り、その不信仰を増幅させた者は、悔悟しても決して受け入れられない」などです。

しかしイスラム諸国の刑法では、必ずしも常に棄教が死刑と定められているわけではありません。アメリカ議会図書館が二〇一四年に公開した報告書によると、イスラム諸国の中でイスラム教の棄教を犯罪としている国は二三カ国あり、そのうち死刑と定めているのはアフガニスタン、ブルネイ、モーリタニア、カタール、サウジアラビア、スーダン、アラブ首長国連邦、イエメンの八カ国です。

二〇一八年にイスラム教を棄てたと告白し話題となったのが、イギリス人アーティストのゼイン・マリクです。ゼインの父はパキスタン系イギリス人であり、ゼインもイスラム教徒として育てられましたが、イギリス版『ヴォーグ』のインタビューで、もはやイスラム教徒ではないと語りました。神に対する「霊的信仰」は持っているとしつつも、決められた処理を施された肉しか食べてはいけないとか、一日五回決められた作法で礼拝をしなければならないとか、そういったこととの一切を全く信じることができないと述べ、「何教徒とか関係ない。オレはオレ」「善人でさえあればそれでいいはず」などと語りました。

ゼインはもともと飲酒や喫煙をしており、必ずしも「真面目なイスラム教徒」として知られていたわけではありません。彼の祖国イギリスでは、イスラム教を棄てたからといって罪に問われることもありません。それでも彼の元には、SNSを通じて「恥を知れ!」「背教者め!」といった罵詈雑言や「殺してやる」といった脅迫が殺到しました。

イスラム2.0が「棄教」を促す

たとえ国の法で罰せられなくとも、イスラム教徒は一般に棄教に対して非常に厳しい見方をしています。二〇〇八年から二〇一二年にかけてピュー・リサーチ・センターが実施した調査によると、調査対象となったエジプト人の八六%、ヨルダン人の八二%、アフガニスタン人の七九%、パキスタン人の七六%が棄教に対する死刑を支持すると回答しています。サウジアラビアやアラブ首長国連邦など棄教に対して死刑を定めている国においては、この調査の実施は許可されませんでした。

もともと棄教に厳しいイスラム教徒のイスラム2.0化が進めば、『コーラン』やハディースで棄教が厳しく咎められている事実を確認することになり、棄教への見方はさらに厳しくなります。ゆえに棄教者の多くは、棄教の事実を周囲に明かさない傾向にあります。女性の棄教者の多くはヒジャーブをしたまま過ごします。棄教が明らかになることで家族や周囲の人々、社会から受ける嫌がらせや差別、脅迫、迫害を避けるためです。

匿名で意見を書き込むことのできるＳＮＳには、「元イスラム教徒」を名乗るアカウントが非常に多くあります。彼らはＳＮＳ上で体験談を共有したり、意見交換したり、仲間を見つけてグループを作ったりしています。彼らの多くは棄教の契機について、イスラム教の異教徒蔑視、女性差別、同性愛嫌悪などの教義に幻滅したと語っています。それらは『コーラン』という不変の啓示に立脚しているがゆえに絶対に変えることができない、だから自分がイスラム教を去るより他に道はないのだ、という決断パターンも類似しています。棄教を死罪とし、宗教批判も一切認めないところに絶望を感じた、と述べている人も多くいます。この人なら、と決死の覚悟で棄教を打ち明けた相手に、殺人予告をされたり、しつこく嫌がらせをされたりする、という経験を持つ人も少なくありません。

棄教者のほとんどに共通しているのは、イスラム教について無知だから棄教したのではなく、学んだからこそ棄教したという点です。イスラム2.0時代は、「本当は女性に優しい宗教だ」「異教徒にも寛容な宗教だ」といったイスラム1.0時代の聞き心地のよい言説を、啓示の一言一句が吹き飛ばす時代です。インターネットや普通教育などを通して、近代的な男女平等や多様性という価値観に親しんだイスラム教徒にとって、それらとは全く相容れない啓示を神の言葉として絶対視するイスラム教は、時として耐え難く映ります。

もちろん棄教を咎めるほとんどのイスラム教徒は、棄教などする輩《やから》はイスラム教をきちんと理解していない、正しく理解すればそのような愚行に及ぶはずはない、と信じています。しかし棄教者の体験や意見に耳を傾けると、それとは異なる現実が見えてきます。

「神はいない」と公言したらアウト

棄教者の中でも、特に深刻だと受け止められているのが「神はいない」と宣言する無神論者です。ピュー・リサーチ・センターが二〇一三年に公開した報告によると、「道徳的な人間であるために神を信じることは必要不可欠である」という項目について、東南アジア諸国のイスラム教徒の九四％、中東・北アフリカ諸国の九一％、南アジア諸国の八七％が「はい」と回答しています。「神はいない」と宣言することはイスラム法上の大罪であるだけでなく、極めて多くのイスラム教徒は、神を信じていない人間はそもそも人間として尊重するに値しないと認識しているのです。

イスラム社会において「神はいない」と公言すれば、もちろん大変なことになります。二〇一八年にエジプトの人気トークショーに出演したある若者が、「神はいない」と述べ、目を見開いて驚く共演者たちをよそに、「自分にはきちんと倫理観があり、社会人としても社会に貢献できているので、宗教など必要ではない」と主張しました。「なぜ君は無神論なのか」と質問されると、彼は「神がいるという証拠が全くないから」と回答、司会者が「君は破壊的な危険思想の持ち主だ」と若者に退場を勧告し、共演のイスラム教指導者も「君はエジプトの若者にとって最悪の見本だ。これ以上君と同席することはできない。ここから去り精神科に直行しなさい」と命じる一幕がありました。これはイスラム社会の無神論者に対する一般的な反応であり、物理的な暴力が伴っていないだけまだ穏健だと言えます。

それゆえ、「無神論ブーム」も匿名性を基本とするSNSで広まっています。エジプトのイスラム教の権威アズハルは、人口の約三%にあたる二〇〇万人が無神論者であると発表、二〇一九年に「無神論との戦い」を宣言しました。神がいること、神への信仰を基本として成立している社会に、神はいないと宣言する人間が出現し増殖していくことは、秩序を内部から崩壊させる社会的脅威です。多様性の中の統一を国是とするインドネシアにおいても、無神論は犯罪だと法で規定されています。

しかしイスラム2.0時代は情報多元化社会です。イスラム教についての情報を得れば得るほど、原理主義的であることこそが正しいと思われる一方で、世界には「神はいない」と公言する人々が存在していて、しかも欧米でそれはちょっとしたブームでもあることがインターネットを使えば簡単にわかります。原理主義に辟易《へきえき》した若者の一部にとって、こうした欧米の流行思想はオシャレでイケているように感じられるのでしょう。信仰に疑問を持つ人がSNSで見知らぬ無神論者とチャットしたり、動画に影響されたりして、一気に「無神論者化」するケースもあります。二〇一九年六月にBBCアラビックが公開したアラブ世論調査では、「自分は宗教的ではない」と回答した人の割合は、アラブ諸国一〇カ国中九カ国で、二〇一三年の調査時よりも増加しています。無神論まで振り切れはしなくても、宗教に嫌気が差しているアラブのイスラム教徒は少しずつ増えているようです。

一方、イスラム的価値によって社会の統合を図りたい当局にとって、彼らは邪魔な存在です。LGBTと無神論者はスケープゴートの代表格となっています。

国内外でポジショントーク

イスラム・ポピュリズム政権は、LGBTや棄教に対してイスラム法に即した厳しい対応をする一方で、決して完全な「イスラム法による統治」を目指すことはない、というのが特徴です。というのも、それは国民国家、領域主権国家、世俗法適用、民主主義、といった既存の秩序の全てを否定し体制崩壊を導く、自滅の道だからです。『コーラン』第四章五九節には、「あなたがた信仰する者よ、神に従え。また使徒とあなたがたの中の権能をもつ者に従え。あなたがたは何事に就いても異論があれば、神と終末の日を信じるのなら、これを神と使徒に委ねよ。それは最善にして、最も妥当な決定である」とあります。

国際社会の一員でありつつ、国内では最大限イスラム教に忖度する……。そのバランスをとるのがイスラム・ポピュリズム政権の至上命題です。

二〇一八年にドーハ・インスティチュートが公開したアラブ・オピニオン・インデックスによると、サウジアラビアやイラク、エジプトなどアラブ一一カ国を対象に行った調査では、回答者の七六％が最も適切な国の政体として民主主義を挙げている一方、民主主義はイスラム教と相容れないと回答した人は一八％、イスラム法による統治を支持すると回答した人も三一％に上っています。二〇一三年にピュー・リサーチ・センターが公開した調査では、自国がイスラム法によって統治されることを求めると回答した人はアフガニスタンでは九九％、イラクでは九一％、マレーシアでは八六％、パキスタンでは八四％、モロッコでは八三％、バングラデシュでは八二％、エジプトでは七四％、インドネシアでは七二％となっています。

イスラム諸国の統治者たちは、完全なる「イスラム法による統治」が既存の体制・社会の崩壊に直結することを認識しているため、たとえイスラム教の啓示に即した主張であっても、そうした危険性のあるものは全て取り締まりの対象としています。

代表的なものが、暴力的ジハードとカリフ制再興です。暴力的ジハードは啓典に立脚したイスラム教の正統な教義ですが、世界征服を目指して異教徒と戦い続けるという教義は、近代社会のあらゆるルールに違反しています。イスラム諸国はジハード主義者たちと戦いつつ、彼らが啓示を根拠にジハードをしていることについても反論を展開しています。

たとえばエジプトは、「ジハードは国家の正規軍が国を守るために行う軍事行動に限定される」と規定し、古典教義に立脚したジハードをテロと認定しています。エジプトのイスラム教の最高権威者の一人である大ムフティー、シャウキー・アッラーム師は、二〇一五年民放テレビに初出演し、現代エジプトにおける正統なジハードは「国家が宗教と国民を守るために発動する防衛ジハード」のみだと語り、過激派によるジハード発動は、「伝統に対する冒瀆」「イスラム教の濫用」と批判しました。なぜなら、「過去のイスラム法的判断を現代に無条件的に適用することは認められない、というのがアズハルと宗教省の見解だからだ」と説明しました。

イスラム教は普遍宗教でありイスラム法は普遍、不変の神の法です。イスラム過激派がイスラム法を「悪用」しているからといって、神の被造物にして奴隷にすぎない人間ごときが啓示やイスラム法を変える、などという暴挙に及ぶことはできません。エジプトの宗教権威はそれを踏まえたうえで、エジプトのローカル・ルールを適用すると明言しているのです。この解釈の効力を担保するのがエジプトの政権です。

宗教エリートは、エジプトのローカル・ルールに則ってイスラム過激派の行うジハードを不正と認定し、軍が行うテロとの戦いこそが唯一正しいジハードであるとお墨付きを与えることで、近代国家としての体裁とイスラム教の価値のバランスをとっているのです。

カリフ制再興は容認できない

カリフ制再興も、イスラム・ポピュリズム政権によって弾圧対象とされるイデオロギーです。カリフ制再興を目標に掲げ、多くの国で活動が禁じられている一方、欧米諸国で公に活発な活動を展開しているのが、ヒズブ・タフリール（解放党：ＨＴ）です。

ＨＴはムスリム同胞団から分離し、一九五三年にエルサレムで設立されました。ＨＴのアジェンダは、イスラム共同体を統合しイスラム法で統治されるカリフ制イスラム国家を樹立し、ジハードで世界をイスラム法統治下に組み込み、世界征服を実現することです。設立者のタキーユッディーン・ナブハーニー（一九七七年没）は著書の中で、カリフ選出はイスラム教徒にとっての義務であり、神はこの義務を怠る者を罰する、と記しています。

最近までＨＴの活動が最も盛んだったのは、インドネシアでした。二〇〇八年にはジャカルタで八万人近いメンバーを集め、「カリフが君臨すべきときがやってきた！」と各地で集会を開催する一方、二〇〇一年のバリ島でのテロの主犯格とされるＪＩや、二〇一六年のジャカルタでのテロの主犯とされるバフルン・ナイムらとの関係が指摘されてきました。

HTは、アホック氏をイスラム教冒瀆者として糾弾し辞任、訴追を求める大規模デモにも参加していました。インドネシア当局は二〇一七年、HTはパンチャシラ（建国五原則）や憲法と両立しないとして非合法化を決定し、解体を命じました。インドネシア内相は、「彼らの活動は社会に緊張を作り出し、治安と秩序、統一を脅かす」と述べました。

他方、HTの元メンバーであるフェリックス・シアウ師は現在、三四万人のチャンネル登録者を持つ人気Youtuberとして、ヒジュラ・ブームの牽引者の一人となっています。組織を非合法化しても、イデオロギーは消滅しないのです。そのイデオロギーは啓示と伝統的な教義に支えられているのですから、なおさらです。

ムスリム同胞団は成功モデル

サウジアラビアやエジプト、アラブ首長国連邦、バーレーンなどは、カリフ制再興とイスラム法による統治を目指すムスリム同胞団やHTなどをテロ組織に指定しています。その資金源を枯渇させ、過激イデオロギーと戦い、社会にそれらが蔓延するのを防ぐべく協力しあっています。これら諸国は、カリフ制再興や「政治的イスラム」というイデオロギーの恐ろしさを熟知しているため、全面対決する覚悟を公に示しているのです。

こうした国々にとって、「民主主義」や「政治的正しさ」を理由にテロ組織に安住の場を提供しているヨーロッパ諸国は、テロとの戦いの障壁でしかありません。

二〇一〇年に刊行された『ムスリム同胞団：グローバルなイスラム主義運動の組織と政策』の編者でもある中東問題の専門家バリー・ルビンは、同書においてムスリム同胞団を「世界で最も成功したイスラム主義組織」と評価しました。テロを行い過激なイメージが先行する他の組織とは異なり、同胞団は基本的にテロを行わず、周囲の環境に適応する持続力と組織力に秀でているからです。彼らの政策は悲劇的未来をもたらすにもかかわらず、あたかも明るい未来をもたらすかのような印象を与え、政治的プレイヤーとして望ましいとみなされることに成功している、とも指摘しています。

イスラム諸国の政治権力者は、軍と治安組織という物理的な力を握り、宗教権威を味方につけることで、いまのところは「ジハード主義やカリフ制は認めない」という方針を貫いていいます。しかしイスラム2.0へのアップデートが進んだ人々は、これが啓示に矛盾していることにすでに気づいています。政治権力者たちには新たな対応が迫られています。

第五章

イスラム教の「宗教改革」

『コーラン』やハディースに忠実

イスラム2.0時代は、イスラム教徒の原理主義化が進む一方、「イスラム教はこのままではまずいのではないか」、という認識が世界に広まりつつある時代です。なぜなら、「イスラム国」に代表されるようなイスラム過激派は「本当のイスラム教徒ではない」、という安易な言い逃れが通用しなくなってしまったからです。彼らが、イスラム教の啓典『コーラン』やハディースに立脚して行動しているという事実は隠蔽しきれませんし、それらのテキストは一〇〇〇年以上前から「神聖不可侵」なものとして固定され、誰でもアクセスできます。

「イスラム国」はイスラム教ではないどころか、「イスラム国」こそがイスラム教の最も代表的存在と公然と認めるイスラム教徒も現れています。二〇一九年にBBCアラビックが主催した過激派とイスラム教についての討論会で、ヨーロッパ史の専門家であるイエメン人イスラム教徒女性アルワ・ハッタービー氏は、「イスラム国」がイスラム教を代表しているというのは「真実」であるとして、次のように論じています。

「私たちは、『イスラム国』はイスラム教以外のものに由来してはいないという真実について誠実に公正に議論し、この問題に立ち向かわなければなりません。『イスラム国』は

『コーラン』やハディースという啓示テキストを、歪曲することも変更を加えることもなく文字通り解釈し実行しています。『イスラム国』は啓示テキストとともにあるのです。つまり問題があるのは私たち自身なのです。私たちは目を閉じて、それを否定することはできません。私たちは責任を負わなければならないのです」

「イスラム国」に代表されるジハード主義のイデオロギーの問題は、イスラム教徒自身が真摯に向き合わない限り解決の道はないという認識は、イスラム教徒のリベラルな知識人たちの中では共有されつつあります。

イスラム教改革が批判の的

中東イスラム諸国でも変化は生じつつあります。

現在イスラム諸国の首脳陣の中で、イスラム教を改革しなければならないと最も積極的に世界に向けて発信し、かつ実際に行動をおこしているのが、エジプトのシシ大統領です。

シシ大統領のイスラム教改革イニシアチブは、次のようにまとめることができます。

一　イスラム教は完全無欠の平和な宗教であり、テロや過激派とは無関係。

二　問題はイスラム教という宗教そのものにあるわけではなく、その「時代遅れ」な「宗教言説」にある。
三　近代的でバランスのとれた「宗教言説」が過激派と戦う最大の武器になる。

シシ氏は大統領に就任した二〇一四年から、再三にわたりアズハル（権威あるイスラム教の教育・研究機関）に宗教言説の改革を命じています。アズハルこそが時代遅れな宗教言説を広めている張本人であり、アズハルが変わらないから過激主義との戦いもテロとの戦いも膠着状態にあるのだ、と公の場で苛立ちを表明することも少なくありません。二〇一七年にはアズハル総長タイイブ師に対し、「私を消耗させているのはあなただ」と苦言を呈しました。

二〇一八年一一月に開催された預言者ムハンマド生誕祭の式典では、タイイブ師とシシ氏が共にスピーチをする機会がありました。まず登壇したタイイブ師が、預言者ムハンマドの言行録であるハディースの権威を疑う人間のことを批判しました。「イスラム法の第一法源は『コーラン』ではあるものの、『コーラン』には法に関係する啓示は少なくその内容も一般的であり、実質的にはハディースこそが多くの法規範の源となっている。イスラム法の絶対性はハディースの絶対性に由来するところが大きいので、ハディースの権威を疑うなどあってはならないのだ」と同師は述べました。

　ところがその後に登壇したシシ氏は、「今現在、世界が直面しているジレンマは、スンナ（ハディースに示された慣行）に従うかどうかなどという問題ではない。我々の宗教の誤った解釈だ」と発言、「スンナの権威を疑う人間は、我々の宗教を誤って解釈する人間に比べたら、たいした悪意などない」と辛辣に批判しました。

「我々の宗教を誤って解釈する人間」で暗示されているのはもちろん、アズハルです。スンナの権威を説くアズハル総長に対し、「そもそも相変わらず時代遅れで過激派を利するような解釈を続けているあなたに、そんなことを言う権利はない」と返したのです。このやり取りはアラブ・メディアでも大きく取り上げられ、ソーシャルメディアはシシ氏を「不信仰者！」等と罵るコメントで大炎上しました。

　タイイブ師は現代イスラム世界において、伝統的なイスラム教育を受けたイスラム法学者の最上位に君臨する権威者の一人です。彼のような宗教エリートにとっては、啓示テキストに忠実であることが敬虔さと、正義と、豊かな学識の証です。啓示の絶対的権威の上にイスラム教の伝統を築き上げてきたのは、彼らのようなエリートたちです。彼らはイスラム教について語るとき、基本的にはイスラム教の伝統に立脚し、イスラム教を防衛する内側の立場からしか語ることはできません。彼らの責務は、伝統を守り、伝統に立脚して、時代に即した新たな解釈を「ひねり出す」ことです。

ところがシシ大統領は違います。彼も敬虔なイスラム教徒ですが、軍人出身の世俗エリートであり、宗教エリートではありません。彼の責務は、国内を安定させ、国際的な評価を高め、国家としてのエジプトを繁栄に導くことです。彼は歴代の政治権力者たちと同様に、統治におけるイスラム教の重要性については当然、非常によく理解しています。

二〇一〇年にピュー・リサーチ・センターが実施した調査では、エジプト人の九五％が政治においてイスラム教が大きな役割を果たすことは良いことだと回答しています。しかしシシ氏にとってのイスラム教は、テキストに忠実であることが最重要視される伝統的なイスラム教であってはなりません。あくまでもイスラム教は、国の繁栄に寄与するものでなければならないのです。もし伝統的なイスラム教が国の繁栄の足を引っ張るようなものであるなら、その伝統を根本から改革しなければならない、と彼は考えているのです。

相続は男女平等なのか

伝統的イスラム教の護持者であるアズハルは、「あなたたちの伝統は時代遅れなので変えてください」と政治権力者に命じられているわけですが、これ自体が非常な難問です。なぜならイスラム教の伝統とは啓示であり、啓示は人間が変えることなどできないからです。たとえ宗教エリートであっても啓示テキストを変えることはできず、かつ啓示の字義通りの意味を最重要視しなければならないという原則は、イデオロギーの面からテロとの戦いを進める上での大きな障壁になっています。

二〇一八年にチュニジア政府が相続における男女平等を定める法案を議会に提出すると発表した際、アズハルは「啓示テキストに明白に反している」と公然と批判しました。しかし、おそらくこれを報じるなという政府の命令があったため、エジプトの主要メディアはこの声明について一切とりあげませんでした。

実はこのチュニジアの相続における男女平等法案については、「イスラム国」もアズハルに先立ってアズハルと同様の批判をしていました。機関紙『ナバア』第一二三号は、『コーラン』第四章一一節で、相続について「男児には女児の二人分と同額」とあることを指摘し、チュニジア政府は反イスラムだと非難しました。

要するにこの問題について、アズハルと「イスラム国」は『コーラン』の明文を絶対視するという全く同じ立ち位置から同じ批判を展開しているのです。『コーラン』の明文に反する規範は認められない、というのはイスラム法の大原則です。しかしエジプト政府にとって、「イスラム国」を批判すべき立場にあるアズハルが、「イスラム国」と全く同じ論理に則ってチュニジアを批判するなどということは、あってはならない事態です。

アズハルは、二〇一九年になってから態度を一変させました。相続の男女平等を主張し始め、タイイブ師はエジプトの法で女性相続者の相続分が男性の半分とされているのは改正されなければならない、と述べました。それがシシ大統領の方針であり、アズハルはそれに従わざるをえなくなったのでしょう。

啓示に従う者を非難できるのか

イスラム教において『コーラン』とハディースという啓示は絶対真理であり、たとえ一部であってもそれを人間が反故にしたり変更したりすることは決して認められません。ところが現在アズハルに要請されているのは、啓示が絶対で啓示に従った行動こそが正しいというイスラム教の原則を維持しつつ、啓示に従って行動しているテロリストを非難するとか、啓示を反故にすることなく啓示と矛盾する近代的規範をイスラム教的に許容するとか、どう考えても合理的に達成不可能な課題ばかりです。しかもこの問題を解決しなければ、イスラム教をテロリストによる悪用や西洋世界の非難から防衛できません。

アズハルのような宗教権威がこうした超難問を突きつけられるようになったのも、イスラム2.0時代だからです。彼らはもはや、「自分たちは何ひとつ悪くない」「悪いのは宗教を悪用するテロリストだ」などと言って責任逃れすることができない状況に追いやられています。なぜならジハード主義者と宗教エリートはイスラム教の伝統の全てを共有しており、違いは前者が啓示に忠実にジハードし、後者が政治権力者に忠実である点だけだということが、一般信徒にすっかりバレてしまったからです。

ジハード主義者を破門できない

宗教エリートは、ジハード主義者が最も正統なイスラム法の実践者だと認めるわけにはいきません。しかし、それならば「ジハード主義者を破門すればいい」「イスラム教を改革すればいい」というのは、無知な「よそ者」の無責任な提案です。

イスラム教のスンニ派は、神と最後の審判を信じる者はみなイスラム教徒であるとして、信者の範囲を非常に広く設定する立場をとります。ゆえに、「イスラム国」のイスラム教解釈は間違っているとして別の解釈を提示することはできても、「イスラム国」の指導者バグダーディーやその支持者らをイスラム教徒ではない、と破門することはできません。誰が本当にイスラム教徒であるのかを判断するのは神のみだ、とされているからです。ジハード主義者はイスラム教徒ではない、という「お墨付き」を求めているシシ大統領をイラつかせているのは、アズハルのこうした伝統的教義に厳格な姿勢です。

「よそ者」からの改革の要請もあります。二〇一八年には、サルコジ元大統領をはじめとするフランスの著名人約三〇〇人が、「新しい反ユダヤ主義に反対する声明」をフランス紙『ル・パリジャン』に掲載し、近年の反ユダヤ主義はイスラム過激派によって引き起こされたところが大きいとして、イスラム教の宗教権威に対し、ユダヤ人、キリスト教徒、不信仰者に対する殺害や処罰を指示する『コーラン』章句を「無効化」し、イスラム教徒たちが『コーラン』章句に従って罪を犯すことのないよう指導すべきだと要請しました。

この要求は世界中のイスラム教徒を大激怒させ、アズハル副総長シューマーン師は「『コーラン』は一文字たりとも無効になどできない。そのようなことを要求する者は地獄行きだ」とコメントを発表し、「完全なる無知」だと断罪しました。

アラビア語で啓示された『コーラン』の一言一句が全て神の言葉そのものであり、神はそれによって人間への啓示を完了したため、イスラム教は宗教の最終形でありそこに瑕疵《かし》はない、というのがイスラム教の信仰です。どんなに近代的な知識を身につけた人間であろうと、これを知らない人間はイスラム教の論理からは「無知」と認定されます。「新しい反ユダヤ主義に反対する声明」を共同で発表したフランス人セレブ三〇〇人は、イスラム教徒から見ると神への畏れを知らぬ無知蒙昧な不逞集団でしかありません。

西洋近代というのは人間中心主義のイデオロギーです。近代の価値こそが正しいという立場からは、神の啓示を法と信じるイスラム教徒は、啓蒙されていない未開の人々だと認定されます。近代人にとっての法は人間によって作り出されるものであり、作り手である人間に欠缺《けんけつ》があるためその法にも欠缺があるのは当然で、ゆえに法自体が可変的である、と認識されます。しかしイスラム教徒は、イスラム法を作ったのは欠缺などあるはずのない全知全能の神なので、イスラム法も無欠缺だと信じています。法というものに対する認識という観点からも、近代とイスラム教というのは全く異なっているのです。

「マスラハ理論」は万能ツール

そうは言っても、アズハルだってシシ大統領の意向で相続についての啓示を無効にしたではないか、と思った方もいるかもしれません。しかしアズハルが啓示の明文に反して相続の男女平等を主張し始めたのは、啓示を無効にしたからではありません。イスラム法には、ある問題に対して通常だったら適用されるべき法規範の適用を回避することを正統化する理論、というものがあります。その代表的なものが「マスラハ理論」です。

マスラハ理論とは、神は「宗教、生命、理性、子孫、財産の保全」という「立法目的」のために人間に法を与えたので、ある法を特定場面に適用することによってその立法目的が損なわれることが予測される場合には、立法目的を保全するためにその法の適用は回避されなければならない、という法理です。またこの法理は、ある問題について啓示に論拠を見いだせない場合、この立法目的に基づいて判断を下すという解釈も可能にします。しかしこの法理を用いれば、窮極的には啓示に由来するイスラム法の規範の全ての適用を回避することも、もっぱら合理的解釈を行うことも可能だということになり、イスラム法の体系は総崩れします。実はマスラハ理論がどのように成立し、法実践においてどのように適用されてきたかという問題は、私の博士論文のテーマでした。

イスラム法の法源である啓示テキストは固定されていますし、今後新しい啓示が下されることは絶対にありません。そして啓示から規範を導出する「作業」も一〇世紀頃にはすでに完了し、それ以降イスラム法の規範はほぼ固定されました。この固定された規範を、変化する現実に適用し続ける義務を負ったイスラム法学者たちが拡充させていったのが法解釈理論であり、マスラハ理論もその過程で生み出されました。

マスラハ理論はいわば、どんな解釈もイスラム法的に正しいという外形を構築することのできる万能ツールです。しかし私が中世の北アフリカとアンダルス（イスラム治下のイベリア半島）地域で発行された約六〇〇〇のファトワー（イスラム法的見解）を分析したところ、マスラハ理論はほとんどの場合、既定の法規範を当該事案に適用することによってこそ神の立法目的たるマスラハは保持される、というかたちで用いられてきたことがわかりました。イスラム法学者たちはマスラハ理論の運用に対して、非常に慎重かつ謙抑的だったのです。

たとえば一五世紀後半にムハンマド・ブン・アブドゥルカリーム・アルマギーリー（一五〇五年頃没）という異教徒に対して原理主義的な強硬論を掲げる法学者が、あるユダヤ教の教会（シナゴーグ）について、イスラム法に違反しているので破壊しなければならないと主張し住民に破壊を呼びかける、という騒動が発生しました。この騒動に際して別の法学者らは、教会を破壊すると社会が混乱し、内乱が発生して人命が失われる可能性があり、神の立法目的（マスラハ）が損なわれることが予想されるので、その規範適用は回避されるべきだという主旨のファトワーを発行し、人々に自制を促しました。法規範の厳格な適用よりも、その回避によってこそ法の目的が保持されるというマスラハ理論は、このように異教徒に関わる事案において援用されているのがしばしば確認されます。

つまりこうした法理を用いることにより、アズハルのような現代の宗教権威も、啓示を反故にすることなく、より社会の要請に即したファトワーを発行することはできるのです。ただし法学者が啓示を最重要視しているのは、昔も今もかわりません。彼らにとってマスラハ理論はいわば最終手段であり、絶対に濫用などしてはならないのです。

政府の肝いりで〝近代化〟

アズハルに任せておくだけでは改革が進まないことにしびれを切らしたシシ政権は、アズハルではなく宗教省のイニシアチブによって、すでに一部の改革を断行しています。

イスラム教指導者のトレーニング施設として二〇一九年に新設されたＩＡＡ（国際ワクフ・アカデミー）は、この改革の象徴のひとつです。これまで宗教指導者の育成を担ってきたアズハルが、いつまでも時代遅れな伝統に固執しイスラム教の近代化を進めないので、これからは政府主導で指導者を育成する、と一方的に宣言したのです。宗教省によると、ＩＡＡは国内外の男女のイスラム教指導者に対し「科学的なカリキュラム」を用いて六カ月間のトレーニングを行い、それによってイスラム教についての穏健で新しい解釈や、イスラム教のイメージをよくするための方法論、過激派イデオロギーへの反駁方法論などを身につけることが期待されるとのことです。

サウジアラビアやヨーロッパ諸国もＩＡＡへの賛同を表明していますが、こうした伝統とはかなりかけ離れた試みがどの程度受け入れられるのか、そして目的はどの程度達成されるのかといった点については、しばらく判断を留保する必要があります。

コプト教徒への迫害

シシ政権主導の改革の例としてはもうひとつ、コプト教融和策の推進があげられます。コプト教はキリスト教の東方諸教会のひとつであり、エジプト国民の一〇から一五％ほどがコプト教徒だとされています。憲法上は基本的に多数派のイスラム教徒と平等だと規定されていますが、両者の共存は平和裡にうまくいっているとは言えないのが実情であり、コプト教徒は差別され不公正な扱いを受けていると訴えています。

イスラム2.0時代に入ると、コプト教徒への暴力は一層増加しました。二〇一一年一月には、アレクサンドリアのコプト教会で新年を祝うコプト教徒を狙った自爆テロが発生して三二人が死亡、その後も「イスラム国」によるコプト教会へのテロ攻撃の他、近隣住民による放火、襲撃、暗殺などが散発、エジプトのシンクタンク、ＥＩＰＲによると二〇一一年から二〇一六年までの間に宗派間暴力で殺害されたコプト教徒は数百人に上り、この間にミニヤー県だけでもコプト教徒に対する攻撃が七七件発生しました。

二〇一六年末にカイロのコプト教会で二九人が死亡する自爆テロが発生した後、「イスラム国」は犯行を認めるビデオクリップを公開し、その中でエジプトのコプト教徒はズィンマ契約（庇護契約。詳しくは後述）に違反し利敵行為を行ったためズィンマ契約は失効し、もはやイスラム法統治下に存在を認められたズィンミー（庇護民）ではなく攻撃の対象となった、と宣言しました。この直後にアリーシュ各地でコプト教徒が襲撃され七人死亡、二〇一七年四月にはアレクサンドリアとタンターのコプト教会でイースターの祝祭を狙った自爆テロが連続して発生し五〇人が死亡、五月には修道院に向かうコプト教徒のバスが襲撃され二八人が死亡、一二月にはカイロ郊外ヘルワーンのコプト教会で銃乱射事件が発生し一一人が死亡しました。いずれも「イスラム国」が犯行声明を出しています。

コプト教徒女性や女児に対する暴力問題も頻発しています。二〇一〇年には、アメリカの議員一七人が超党派でエジプトのコプト教徒女性に対する誘拐、結婚や改宗の強制の実態を告発し、これは人身売買にあたる犯罪行為であり、解決に取り組むべきだと提言する書簡を国務省に提出しました。

「アラブの春」後にイスラム化

コプト教徒に対する暴力の増加は、二〇一一年のいわゆる「アラブの春」によってムバラク政権が崩壊し、ムスリム同胞団が政権をとったこととも関係しています。エジプトの人権団体ＥＵＨＲＯは二〇一一年三月から九月までの間だけで一〇万人近いコプト教徒がエジプトから移住したと報告、「彼らは自主的に移住したのではなくサラフィーなどからの攻撃や脅迫に怯え、かつエジプト政府が彼らを保護してくれないために移住を余儀なくされたのだ」と非難しています。アラブの春は中東の「民主化」運動であると評価するメディアや論者がいる一方、エジプトの場合、その後に生じたのはイスラム化であり、民主的選挙によって政権を握ったのは「政治的イスラム」を掲げるムスリム同胞団でした。

ムスリム同胞団は、異教徒に対して二つの顔を使い分けることで知られています。二〇一二年の選挙で大統領に選出された同胞団出身のムハンマド・モルシ氏は、イスラム教徒とコプト教徒をともに保護し全エジプト国民の大統領になると宣言しましたが、選挙戦中の二〇一二年五月にカイロ大学で行われた演説では、「コーランは我々の憲法！　預言者は我々の手本！　ジハードは我々の道！　神の道における死は我々の目標！」と同胞団の標語を連呼し、「我々はイスラム法を確立する！　なぜなら我々の国家はイスラム教とイスラム法によってのみ福利を得ることが可能になるからだ！　我々ムスリム同胞団と自由公正党はこれらの目標の指導者となるであろう！」と明言していました。次章で述べるように、イスラム治下の異教徒はズィンミーとして、様々な制限と不自由が課せられた完全な劣位におかれます。

二〇一一年八月には同胞団支持で知られるカタール資本のニュースチャンネル、アルジャジーラが、エジプトの宗教指導者ワグディー・ゴネイム師のインタビューを放送しました。その中で同師は、「イスラム教徒はイスラム法による統治を望んでいる。イスラム教徒なのだから当たり前だ」「民主主義は異端だ。民主主義は宗教の自由を認めるが我々は背教者を罰する。民主主義は人間による人間の統治を認めるが我々は神による統治しか認めない」「エジプトには『十字軍兵士』が五〇〇万人いるが、彼らは所詮マイノリティだ。全ての人間は平等だとか、全ての市民が平等で完全な権利を享受するなどと言ってはいけない」、などと述べました。彼はコプト教徒を「十字軍兵士」と呼び、彼らがイスラム教徒と平等に扱われないのは当然だ、と世界に向けて堂々と主張したのです。

二〇一一年九月にはジハード主義サラフィーとして知られるアブー・シャーディィー師が、「キリスト教徒はイスラム教に改宗するか、ジズヤ（人頭税。詳細は後述）を支払うか、さもなければ戦争をするしかない」と述べました。一一月にはサラフィー政党「ヌール党」に属するアフマド・イムラーンが、「ローマによる迫害からコプト教徒を解放したのは我々イスラム教徒である。ゆえにコプト教徒はジズヤを支払う義務を負う」、とジズヤの復活を提唱しました。ズィンミー制とジズヤの復活がにわかに現実味を持つ問題として語られるようになる中、一二月にはコプト典礼カトリック教会のヨハンナ・クルタ副総大司教がテレビ出演し、「アハラームやアフバールといった大手新聞が、コプト教徒はエジプトを去るかジズヤを払って服従せよというサラフィーたちの声明を掲載しているのだから、我々が移住を考えるのも当然だ」と発言、サラフィーたちがジズヤを課すと言ったらどうするかと質問されると、「もちろん殉教をかけて反対する。中世への逆行など問題外だ。ジズヤを払う時代は奴隷の時代だったが、もうそれは過ぎ去った」、と回答しました。

二〇一三年三月にはアズハル大学のマフムード・シャアバーン教授がテレビ出演し、「イスラム主義者たちはイスラム教が命じる通りにジズヤを適用することになるだろう」と述べ、キリスト教徒はイスラム政権からの保護の見返りとして年間二ポンド（一三円程度）のジズヤを支払うべきだと主張しました。たった二ポンドで安全が保障されるなら安いものだと思え、という論調でした。

エジプト紙『ドストゥール』は二〇一三年九月、同胞団統治時代に、ミニヤーのダルガ村ではムスリム同胞団員が約一万五〇〇〇人のコプト教徒住民に対してジズヤを支払うよう強制、人によって一日二〇〇ポンド（一三〇〇円程度）、あるいは五〇〇ポンド（三二〇〇円程度）を支払えと要求していたと報じました。同胞団統治下のエジプトは、サラフィーだけではなくアズハル法学者もジズヤ復活を公然と主張し、イスラム教徒の大衆がコプト教徒にジズヤを払えと直接脅しをかけることもある時代でした。

二〇一二年六月のモルシ氏の大統領就任後、同胞団独裁と政治のイスラム化を懸念して、真っ先にキリスト教徒とイスラム教徒の平等を要求するデモを行ったのは、コプト教徒でした。二〇一三年七月、軍が一般大衆のデモを支援するかたちで同胞団政権が崩壊した際、国際社会がこれを「軍事クーデター」だとして非難する一方、これこそが本当の「革命」であり「政治的イスラム」に対する勝利だ、と称賛したエジプト人たちの筆頭にいたのも、コプト教徒でした。コプト教皇タワドロス二世は軍に対する支持を表明し、当時軍の最高司令官だったシシ氏とともに「革命」の成就を祝しました。

暴力動画の拡散は制御不能

しかし、同胞団政権崩壊によってコプト教徒への暴力の問題が収束したわけではありません。『クリスチャン・サイエンス・モニター』紙は、同胞団政権崩壊直後の二〇一三年八月一四日からの三日間だけでも、エジプト各地で四七カ所の教会や修道院が放火や襲撃などの被害にあったと報じています。二〇一四年三月には、カイロ郊外アインシャムスのコプト教会が同胞団員の集団に襲撃されて四人死亡、うち二五歳のコプト教徒女性は喉をかき切られて殺害される、という事件も起きました。

SNSの普及以降は、コプト教徒に対する暴力を記録した動画がインターネット上に出回るようになりました。二〇一七年一〇月にはベニ・スエフで、イスラム教徒がコプト教司祭をナイフで惨殺する映像が拡散しました。二〇一九年一月には、ミニヤーの教会を木の棒を持った男たちが取り囲み「立ち去れ！」と怒鳴り声をあげる様子を住民が動画で撮影し、ＳＮＳに投稿して窮状を訴えました。四月にはスハーグのコプト教会で子供向けの聖書勉強会が開かれていたところを、棍棒やナイフで武装したイスラム教徒の暴徒が襲撃、司祭が負傷し、子供や女性が叫び声をあげて逃げ惑う動画が流出しました。

イスラム2.0時代になりコプト教徒に対する暴力が増加した理由としては、第三章で論じたインドネシアにおける異教徒に対する暴力の増加と同様に、ひとつは啓示に精通するようになった一般のイスラム教徒が、啓示通りに異教徒への敵意を強め、攻撃を実行するようになったという点が挙げられます。

もうひとつは、これまでは警察が隠蔽したり被害者が口を閉ざしたりすることによって明るみに出ることが少なかった暴力の実態が、被害者やあるいは第三者によってＳＮＳで暴露されることにより、完全に隠蔽することが難しくなったという点が挙げられます。シシ政権はマスメディアをほぼ完全に支配しＳＮＳの監視も行っていますが、こうした暴力の実態を完全に隠すことは、もはや不可能なのです。

クリスマスは合法⁉

シシ氏は大統領就任当初からコプト教徒の保護者を自任しているものの、一般人のコプト教徒に対する暴力はむしろ悪化しています。彼はこの問題については、伝統に固執するアズハルを差し置き、上からの改革を断行するしかない、と考えているようです。

シシ氏は二〇一六年一月に、エジプトの大統領として初めてコプト教会のクリスマス・イブの礼拝に参加しました。歴代の大統領がイブの礼拝に参加しなかったのは、イスラム法が異教の祝祭を祝うことを禁じているからです。イスラム法では、犠牲祭と断食明けの祭以外の祝祭は基本的に禁じられています。ハディースに「ある人々を真似る者は彼らの一味である」とあるように、異教徒の行為を真似ることも禁じられています。

現代の原理主義的イスラム教徒が好むことでも知られているイスラム法学者イブン・タイミーヤ（一三二八年没）は、異教徒の祝祭をイスラム教徒が祝うことについて質問され、「彼らの祝祭に特有な食べ物、服装、入浴、あかりを灯すこと、仕事を休むこと、祭礼などを真似てはならない。ごちそうをしたり、プレゼントを交換したり、彼らの祝祭の助けになるようなものを売ったり、彼らが遊ぶゲームを子供たちや他の者たちにやらせたり、自ら着飾ったり飾り付けをしたりすることも許されない」と回答しました。

シシ氏が慣例を破りイスラム法に違反してまでイブの礼拝に参加したことは、コプト教徒と西側メディアからは称賛されましたが、イスラム教徒からは非難されました。しかし、アズハルはこの問題についても二〇一九年に態度を一変させ、クリスマスなどでイスラム教徒とキリスト教徒が挨拶やプレゼントを交わすことは、単に合法であるばかりか望ましい行為だ、というファトワーを発行しました。これまでもアズハル総長がクリスマスにコプト教皇を訪れたり、祝辞を送ったり、イスラム教徒に対してともにクリスマスを祝おうと呼びかけたりしたことはありましたが、イスラム教徒がクリスマスを祝うことはイスラム法的に合法である、と公式に宣言したのは、おそらくこれが初めてのことです。

シシ政権は二〇一八年には、これまで未認可だったコプト教会八〇カ所を認可すると発表しました。宗教省はこれとほぼ同時期に、コプト教会を破壊・爆破したり、その中にいる人を殺したりすることは嫌悪や暴力を否定するイスラム教に反する行為であり、「神と神の使徒の保護」への攻撃とみなされる、というビデオグラフィックを公開しました。

二〇一九年のコプト教のクリスマス・イブに、シシ氏は巨大なカテドラルをオープンさせました。これについてアメリカのトランプ大統領は、「エジプトにいる我々の友人が中東最大のカテドラルをオープンさせるのを見てとても興奮した。シシ大統領は彼の国をまとまりのある未来へと導いている」とツイートし称賛しました。コプト教徒を蔑ろにすると西洋から批判され、保護すると評価されるということをシシ氏はよくわかっています。

この式典でスピーチをしたタイイブ師は、「エジプトにある全ての教会はイスラム治下に建てられたものである」と述べました。これは、さきに政府が行ったコプト教会の認可を追認する主旨の発言です。ところがＳＮＳは、「イスラム教が到来する何百年も前からコプト教はエジプトに存在していた」「さすがに、いくらなんでもそれは無理」「偽善者だな」「ちょっと、おじさん……」と嘲笑するコメントであふれました。

コプト教の問題は、エジプト政府が長年西洋諸国から批判されてきた耳の痛い問題です。エジプトを西洋諸国からも評価される近代国家にするという目標実現のため、シシ大統領は模索を続けていますが、前途は多難です。

エジプト一の宗教権威がＳＮＳで炎上

シシ大統領は女性の問題にも取り組んでいます。彼は二〇一九年、女性に対するあらゆる暴力と戦うと宣言し、精神的、肉体的暴力から女性を保護する法の制定を政府に要請しました。幼児婚によって教育の機会が奪われたり、離婚によって困窮したりすることも女性への暴力だと指摘し、女性の雇用や政治進出も促進するとスピーチしました。タイイブ師も、シシ大統領と協調路線をとる姿勢を示しています。

ところがタイイブ師がテレビ出演し、「一夫多妻は多くの場合、女性と子供にとって不公平だ」と発言したところ、ＳＮＳで大衆が大激怒する炎上騒ぎとなりました。

タイイブ師は番組内で、エジプト法で女性相続者の相続分が男性相続者の半分とされているのは改正されねばならない、なぜなら女性は我々社会の半分を構成しており、女性の利益を顧みないことは我々が片足で歩くようなものだからだ、と語りました。続けて、相続だけでなく結婚における女性への不公平も改正が必要で、結婚の基本は一夫多妻制だと主張する者は間違っており、コーランにおける結婚の基本は「もしあなたがたが公平にはできないかもしれないと恐れるならば一人だけ娶れ」、つまり一夫一婦制だと述べました。

というのもタイイブ師いわく、「一夫多妻は非常に多くの場合において女性と子供たちにとって不公平」だからであり、イスラム教徒には一人だけでなく二人目、三人目、四人目の女性と結婚する「自由」があるのではなく、一夫多妻が例外的に許可されるためには複数の妻に対して公平であることが条件とされる、公平にできないかもしれないという懸念がわずかでもあるなら一夫多妻は認められない、と論じました。

テレビでこの議論が放送されると、タイイブ師は一夫多妻を禁じようとしていると解釈した一般のイスラム教徒たちが、ＳＮＳで一斉にタイイブ師を批判し始めました。「黙れ！」「大嘘つき！」「無知蒙昧はもうたくさん」と、エジプト一の宗教権威に対して全く容赦のない罵詈雑言が浴びせられました。というのも、この議論は一見して有名な『コーラン』第四章三節「あなたがたがよいと思う二人、三人または四人の女を娶れ」に抵触すると理解されたからです。Twitter には次のようなコメントが投稿されました。

「アズハル総長が一夫多妻は不公平と論じるとはどういうことだ？　至高なる神が『あなたがたがよいと思う二人、三人または四人の女を娶れ』とおっしゃっているのに」

「啓示は貧乏な男にも金持ちの男にも四人の妻を娶ることを合法としている」

「イスラム法学者たちはみな彼の見解に異議を唱えるはずだ」

「アズハル総長がこんなことを言うなんてありえない。強大なる神を畏れるべきだ。この発言は違法（ハラーム）だ」


イスラム2.0時代を生きるイスラム教徒は、かつての識字能力も論理的批判能力も持っていなかったイスラム教徒とは異なります。彼らはもはや、政治権力に取り込まれ地位と名誉と給料を与えられ「偉い」ということにされている宗教権威が、テレビやモスクで説くイスラム教を盲目的に信じる従順な大衆ではないのです。彼らはインターネットを通じてやすやすと啓示にアクセスし、特定の問題について何が啓示に立脚した法規範であるかを見極める能力を身につけ、権威に「正しく」反駁できるようになったのです。

彼らはアズハル総長が相手でも全く躊躇《ちゅうちょ》はありません。むしろ、イスラム教を歪曲しようとする不正な御用学者はどんどん批判しなければならない、と考えているようです。

タイイブ師のこの議論については、「シシの御用学者だな」という書き込みもありました。イスラム2.0化の進んだイスラム教徒たちは、もはや「御用学者」が適当な議論で簡単にコロッと騙せるような「ちょろい」存在ではなくなっているのです。

この番組の放送の二日後、アズハルは公式HPで「タイイブ師は決して一夫多妻を禁じようとしているわけではない。『コーラン』やスンナの規範に反するような法を作ろうなどという意図は全くない」と釈明する声明を発表しました。

もちろん、「人々がタイイブ師の議論を誤解しただけだ」というのがアズハルの言い分です。しかしアズハル総長のイスラム法解釈に対して在野の一般大衆が噛みつき、それに対してアズハルが釈明するというのは、新しい現象です。

エジプトの政治権力者、宗教権威、民衆は、みなそれぞれが敬虔なイスラム教徒であり、神に導かれたイスラム共同体の栄光を信じています。しかし三者の足並みは、必ずしも揃っていないのが現実です。イスラム教の近代化を要請する政治権力者、啓示に忠実な原理主義的イスラム教を希求する民衆、そしてイスラムの伝統を守るという任務を負いつつ政権と大衆の要請に引き裂かれる宗教権威……。エジプトの現状は、現代のイスラム教の内包する問題の複雑さ、困難さを私たちに教えてくれています。

第六章

もしも世界がイスラム教に征服されたら……

カリフ制とは何か

イスラム法は、『コーラン』第五章四八節「神が啓示されたものに従ってかれらの間を治めよ」等を典拠に、イスラム教徒はイスラム法のみに従わなければならないと規定しています。主権は神に存するとされ、人間には立法も法の廃止・改正も禁じられています。

こうした教義がある一方、歴史を振り返ると、イスラム諸王朝の統治には人間による立法的要素が含まれることが指摘されています。また一九世紀以降、イスラム世界は西洋近代法を手本に実定法を制定し近代国家として独立を果たし、一九二四年にはトルコのムスタファ・ケマルがカリフ（スンニ派におけるイスラム共同体の最高指導者）を廃し、名実ともにイスラム法による統治を失効させました。

イスラム教の論理において、カリフ廃位は極めて異常な事態です。というのも、スンニ派イスラム法学においては、唯一のカリフがイスラム共同体を統治しなければならない、という合意が成立しているからです。カリフの義務はイスラム法施行とそれによる統治であり、その統治のあり方をカリフ制と呼びます。カリフなしにはイスラム法による統治が不可能となり秩序が失われるため、イスラム共同体はカリフを選出しそれに従う義務があります。

しかしカリフ廃位後、近代国家の国民となったイスラム教徒は、実定法による統治に服しているのが実情です。現代の最有力イスラム法学者の一人であるカラダーウィー師は、主著のひとつ『拒絶と過激主義の間におけるイスラム教の覚醒』において、次のように語っています。

「我々は勇気をもって、若者たちを過激主義に陥らせているのは我々自身の行動だということを認めなければならない。我々はイスラム教徒であるふりをしているが、イスラム教の適用を怠っている。我々は『コーラン』を読んではいるが、その規範を執行していない。我々は預言者を愛しているが、彼の先例に従っていない。（中略）我々は、我々自身と我々の社会を、神の命令に従って改革しなければならないのだ」

現世と来世のダブスタに悩む

このように同師は、イスラム教徒の若者が過激化するのはイスラム社会がきちんと「イスラム」していないからだと論じています。イスラム2.0へのアップデートが進む中、一般のイスラム教徒は「この世」と「あの世」、実定法とイスラム法というダブルスタンダードに引き裂かれた状況に強いストレスを感じ、よりイスラム的な価値に基づく社会や統治を求め始めています。宗教的マイノリティやＬＧＢＴを攻撃することによって、自主的にイスラム的価値を広めようとしている姿は、本書でこれまで紹介してきた通りです。

こうした現状を全否定し、完全なイスラム法による統治を実現するため、二〇一四年六月にカリフ制再興を宣言したのが「イスラム国」です。本来ならばイスラム法のみに従うのがイスラム教徒の義務であり、アルカイダのような他のジハード組織も、ムスリム同胞団のような「政治的イスラム」を標榜する組織も、イスラム2.0化が進んだ一般のイスラム教徒も、イスラム法による統治とそれを全世界に広めることによる世界征服を目標としています。「イスラム国」によるカリフ制再興とイスラム法による統治に対しては、イスラム法的に異論を唱えることは可能であっても、その正しさを完全に否定するのは不可能です。

世界中で少なからぬ割合のイスラム教徒が「イスラム国」を支持していることは、様々な調査から明らかです。二〇一五年にイラクを拠点とする独立研究機関ＩＩＡＣＳＳが実施した調査では、イラク、イエメン、ヨルダン、シリア、リビアのイスラム教徒の一五％が「イスラム国」はテロ組織ではなく合法的な抵抗運動だと回答、三七％が「イスラム国」と戦うための有志連合を支持しないと回答しています。二〇一五年に公開された「トルコ社会動向調査」においては、調査対象となったトルコ人の九・三％が「イスラム国」はテロ組織ではないと回答、八・九％が「イスラム国」は国家であると回答、五・四％がその行動を支持すると回答しています。アメリカを拠点とするNPOクラリオン・プロジェクトは二〇一五年、様々な調査結果を総合した結論として、最も少なく見積もった場合にはアラブ人イスラム教徒の五・八％（約二一六四万人）、最も多く見積もった場合には一一・五％（約四二五五万人）が「イスラム国」の支持者である、としています。

日本人から見た「イスラム国」は極悪非道なテロ組織ですが、見方を変えれば、二一世紀に全イスラム教徒の共通目標であるイスラム法による統治を実現させた、極めて興味深い主体であるとも言えます。私のような研究者も、これまでは文字資料を読解することによってしかカリフ制やイスラム法による統治というものを理解することはできませんでした。ところが「イスラム国」は、実在するバグダーディー（米軍作戦により二〇一九年一〇月死亡）という人物を「リアル・カリフ」に仕立ててカリフ制を復活し、イスラム法による統治を実行しました。そしてその実態を映像や画像、文字資料によって次々と公開し、「リアル・カリフ制国家」を顕現《けんげん》して見せることによって、世界に大きな衝撃を与えました。

「イスラム国」の統治が、唯一正しいイスラム法による統治だと主張するつもりは全くありません。しかしそれは間違いなく、イスラム法による統治のひとつの具体例なのです。

「メディナ憲章」は預言者との盟約

「イスラム国」による統治の実態を示すひとつの資料が、「メディナ憲章」という文書です。これは、「イスラム国」が統治下の人々に統治原則を知らしめるための文書で、二〇一四年一月にインターネット上で公開されました。イラクのモスル住民にあてた版が同年六月、シリアのラッカ住民にあてた版が同年九月に発行され、印刷されたものが各地に配布されました。私は、フリージャーナリストの横田徹氏が二〇一五年にイラクのシンジャールで入手したモスル版の翻訳を依頼され、許可を得て複写させてもらいました。

「メディナ憲章」とは、後述するように預言者ムハンマドとメディナ住民との間で結ばれた盟約の名称で、一般にイスラム法上の安全保障条約のプロトタイプとみなされています。「イスラム国」が住民に布告した「おふれ」にこの名が採用されている事実には、預言者ムハンマドのやり方に従うという彼らの方針が反映されていると言えます。

同文書は前文と一四カ条から構成され、前文では「イスラム国」戦士たちがイラク政府軍との戦いで勝利を収め、広大な支配地域を手に入れたのは神の恩恵ゆえだとしたうえで、「イスラム国」の最終目標は「地上全てにカリフ制による統治を行き渡らせること」だと記されています。そして老若男女全てのスンニ派イスラム教徒に対し、敵はイラク政府、世俗主義者、十字軍戦士であり、目標達成のため共に戦おうと呼びかけています。

イラク政府は現在、実定法によってイラクを統治しています。一方『コーラン』第五章四四節には、「神の啓示に基づいて統治しない者は不信仰者」とあります。本来こうした明文規定にはそのまま従うのが義務であり、そこに推論や思索を挟むことは禁じられる、というのがイスラム法の原則です。ならばイラク政府は不信仰者ということになります。神はまた『コーラン』で明示的に不信仰者との戦いを命じてもいます。イラク政府に対するジハードが義務であることの典拠は、容易に『コーラン』に求めることができます。「メディナ憲章」は続けて、統治に関してはジハード戦士と人々が結ぶべき契約があり、人々はそれを知り、イスラム法の規範を遵守することが義務付けられるとし、中でも重要事項として次のような一四カ条を挙げています。

第一条　我々は「イスラム国」戦士であり、カリフ制国家の栄光を取り戻し、イスラム教徒である我々の民と兄弟を不正と害悪から守ることを義務としている。

第二条　我々はあらゆる人について、臆測ではなく明白な証拠に基づいて判断する。ある人が外面上イスラム教徒と判断される場合はイスラム教徒として扱い、「イスラム国」を攻撃したりイスラム法上の罪を犯したりしない限りは善人とみなす。

第三条　「イスラム国」統治下の人々は、安全かつ満ち足りた状態におかれる。

第四条　「イスラム国」が奪った財物は全て国庫に帰属し、その財物の使途はイスラム教徒の利益に基づきカリフが決定する。国庫や私人の所有に帰する財物を盗んだ者には手足切断刑、イスラム教徒を攻撃する者に対しても相当の刑罰を与える。

第五条　酒、麻薬、タバコ、その他禁止物については、その売買も使用も禁じる。

第六条　神の家たるモスクを建設し、礼拝の時間にはそこで集団礼拝せよ。

第七条　イラク政府や不正な支配者に協力してはならない。これら不信仰者の軍や警察、その他組織に現在所属している者は、もし悔悟を望むのであれば扉は常に開かれており、我々はその条件も定めている。背教状態にありつづける者については、殺すより他に道はない。

第八条　預言者ムハンマドの「あなたがたに異論を唱え、あなたがたの集団を分裂させようと試みる者を信用せよなどという人がいたら、あなたがたはその者を殺せ」というハディースに従い、徒党を組んだり集会を行ったりすることは禁じる。

第九条　神はイスラム教徒に対して集団であることを命じ、分裂や意見の対立を退けた。

第一〇条　目に見える多神教的なもの、偶像崇拝的なものについては、「偶像を撤去することなく、そのままにしておいてはならない。墓を（破壊して地面を）平らにならすことなく、そのままにしておいてはならない」というハディースに従う。

第一一条　信者の母たちや女性の教友たちの導きに従い、道徳心があり高貴な女性たちに対しては、慎ましさ、覆い、ゆったりとした長衣（の着用）、家に留まり規範を遵守し必要不可欠な場合以外は外出しないことが命じられる。
第一二条　イスラム法による統治を行い、ハッド刑（イスラム法の法定刑）を執行する。
第一三条　我々はあらゆる者からの忠告を聞き、正義を実現する。
第一四条　あなたがたは、世俗的統治と我々「イスラム国」のカリフによる統治の大きな違いを目の当たりにすることとなろう。

これら一四カ条の特徴としては第一に、イスラム法の規範に忠実であることが挙げられます。第一条のイスラム教徒の保護、第四条の公共の利益に鑑みた国庫からの支出の決定、第一二条のイスラム法施行とハッド刑執行は、イスラム法で定められたカリフの義務です。第二条にある「臆測を避け内心には立ち入らない」という方針は、イスラム法における重要な原則のひとつです。また第五条にある酒、麻薬、タバコの禁止、第一〇条にある多神教の禁止も、イスラム法の規範です。

イラク政府を「背教者」認定

重要なのは、これらはイスラム法で規定されているものの、イラク政権統治下では看過されてきたという点です。イラク政府は実定法によって統治している時点でイスラム教の論理では既に十分「不正」ですが、それに加えて長きにわたり汚職が蔓延し、国民は政府を不審の目で見ています。汚職監視団体トランスペアレンシー・インターナショナルは二〇一七年の報告書で、イラクを世界一八〇カ国中一二番目に汚職の酷い国とランクづけし、国民のほとんどは政府の汚職対策に満足していないとしています。「国庫の財物は公共の利益のために使われなければならない」、というイスラム法の規範には程遠い実態です。

二〇一五年にイラクを拠点とする独立研究機関IIACSSが実施した調査では、イラクのスンニ派イスラム教徒の九四%がイラク議会を信用できないと回答、六〇%が司法制度を信用できないと回答しています。二〇一八年にドーハ・インスティチュートが公開したアラブ・オピニオン・インデックスによると、イラク人の八〇%が自国の政治情勢全般について悪い、もしくは非常に悪いと回答しています。

イラク政府統治下では酒やタバコも許容され、多神教の象徴たる古代遺跡や聖者廟も放置され、ハッド刑も執行されてきませんでした。政治理論で知られるイスラム法学者マーワルディー（一〇五八年没）は、不法行為を犯したカリフはカリフ位を剥奪されると論じています。またマスラハ理論で知られるイスラム法学者シャーティビー（一三八八年没）は、不正な統治者を放置するとイスラム教徒に害が及ぶため、法学者たちはこれに対するジハードを必要不可欠として認めてきたと論じています。イスラム教の論理に従えば、不正な統治者であるイラク政府は打倒しなければならない、と容易に立証できます。

一方の「イスラム国」は、たとえば第四条に関しては、病人や孤児、未亡人といった弱者や困窮者に国庫から現金や生活必需品を支給しています。これらはイスラム法上ではカリフの義務として規定されており、これを論拠に、たとえば歴史学者パトリシア・クローンはカリフ制国家について、「世界初の福祉国家」だと評価しています。

第五条に関しては、ムフタスィブと呼ばれる監督官が絶えず街中をパトロールして酒や麻薬、タバコを発見しては没収し、焼却処分します。第一〇条に関しては、墓地の墓石や、聖者廟、古代遺跡、博物館内の遺物、教会内のキリスト像などを徹底的に破壊しています。第一二条に関しては、背教、殺人、窃盗、姦通、同性愛行為、飲酒などを行った者に対し、裁判の上でハッド刑を執行しています。「イスラム国」はこれらの実践風景とともに、ジハードと称して彼らが続ける戦闘の様子も映像や画像で日々公開しています。

二〇一四年に「イスラム国」がモスルを制圧した際、多くの住民が彼らを歓迎したと現地メディアは報じました。その一因としては、イスラム法による統治を掲げた彼らが、

「不正」なイラク政権と比較し、一般大衆の目に「公正」な統治者と映ったことが挙げられます。イスラム法による統治を支持するイスラム教徒が多いことは既述の通りであり、映像や画像を公開して自らの正義と公正さを証明する、という「イスラム国」の広報戦略は、実に理にかなったものだと言えます。

「メディナ憲章」の第二の特徴としては、敵と味方の峻別が挙げられます。「メディナ憲章」が敵と名指しするのはイラク政府と軍、警察であり、彼らは不信仰者にして背教者と分類されています。背教とは、棄教したり他の宗教に改宗したりすることを意味します。マーワルディーはイスラム法で義務とされる戦争を「多神教徒とのジハード」と「それ以外の戦い」に分類し、後者のひとつとして「背教者との戦い」を挙げています。つまりイラク政府との戦いは、背教者との戦いの義務、という点からも正統化されるのです。

一方で第七条では、「イスラム国」は敵対者に悔悟のチャンスを与えています。これは、敵がまさに殺されようとしている瞬間に「アッラーの他に神なし」という信仰告白の言葉を唱えたならば、彼はその瞬間イスラム教徒になったので殺してはならない、という預言者ムハンマドのハディースに由来しています。このハディースは、既出の「内心には立ち入らない」という原則の根拠のひとつともなっています。

「ズィンマ契約」は安全保障

「イスラム国」の統治の実態を示すもうひとつの資料が、「ズィンマ契約」です。

イスラム法はイスラム教徒と異教徒を峻別し、異教徒のカテゴリーのひとつとして、イスラム共同体と他宗教共同体との間で結ばれた安全保障契約（ズィンマ契約）の適用対象とされるズィンミーという存在を規定します。ズィンミーは、イスラム法による統治に服しジズヤという人頭税の貢納義務を果たすという条件で、「イスラムの家（イスラム法によって統治される地）」における生命・財産の安全、信仰の維持を保障されます。

ズィンマの起源は、預言者ムハンマドの時代にさかのぼるとされます。六二二年にメディナへ移住（ヒジュラ）したムハンマドは、住民と「メディナ憲章」と呼ばれる契約を結びました。この中では不正行為、犯罪、利敵行為の禁止、戦時の戦費負担等を条件に、生命の安全と信仰の維持が保障されること等が規定されています。

ジズヤに関しては、預言者ムハンマドはメディナ以外の地で初めて啓典の民（主にユダヤ教徒とキリスト教徒）を支配した六二七年から六三〇年にかけて、彼らから五回ジズヤを徴収したとされます。一般にこのジズヤ徴収制度が、『コーラン』第九章二九節「神も最後の審判も信じない者たちと戦え。また神とその使徒が禁じたものを禁じず、啓典を受けていながら真の宗教を実行しない者たちには、彼らが屈服して手ずからジズヤを差し出すまで戦え」によって法制化された、と理解されています。

イスラム法の第一法源『コーラン』は、ジズヤ徴収対象は啓典の民であると明示しています。また第二法源スンナは、預言者ムハンマドがゾロアスター教徒からジズヤを徴収したと言及しています。これらを典拠に、スンニ派四法学派は啓典の民とゾロアスター教徒をズィンマ契約の対象とする旨では合意していますが、それ以外の異教徒に関しては異論があります。こうした法規定がある一方、歴史的にはヒンドゥー教徒や仏教徒もズィンミーとみなされた事例があることが明らかになっています。

「イスラム寛容論」批判

ズィンミーは、二〇世紀から多くの歴史研究者の研究テーマとなってきましたが、従来それらは主に「イスラム寛容論」をめぐる問題の枠組み内で論じられてきました。

たとえば歴史学者のH・A・R・ギブとH・ボーウェンは、イスラム法は異教徒に寛容と同時に劣等性を課したと結論づけ、ユダヤ教徒史家のS・D・ゴイテインは理念的に異教徒の存在を否定した中世キリスト教世界と比較し、イスラム世界が相対的に寛容であることは評価できると述べました。

他方、イスラム教徒自身の認識を省みると、近代以前のイスラム教徒が、異教徒との平等や異教徒に対する寛容を主張することは基本的にありませんでした。『コーラン』第三章一一〇節に「あなたがた（イスラム共同体）は人類に遣わされた最良の共同体である。あなたがたは善を命じ、悪を禁じ、神を信仰する。啓典の民も神を信仰するならば、彼らのためにどんなによかったか」とあるように、イスラム教が最良にして最上であることは啓示で明示されています。ゆえにイスラム法において、真の信仰たるイスラム教を受け入れない異教徒が、イスラム教徒と平等に扱われないのは当然なのです。

しかし近代以降は、「イスラム寛容論」を強調し、それによってイスラム教の優位性を説く論者も現れました。その代表が、本書でも既に何度も言及したカラダーウィー師です。同師は主著のひとつである『イスラム社会における非イスラム教徒』において、イスラム社会は寛容と公正、慈悲をもって異教徒を扱う社会であり、ズィンマ契約を締結したズィンミーは「イスラムの家」の住民となり、例外的な事項を除いてはイスラム教徒と同様の権利が保障され、義務が課されるとしたうえで、次のように記しています。

「イスラム法の規範は真理にして真言である。地上の憲法や実定法は権利と義務における国民間の平等を明文化してはいるが、それらは紙の上のインクにすぎない。なぜなら欲望と偏見がはびこり、実定法はそれらに勝利することができないからである。というのも人々は実定法の神聖さを感じておらず、それを遵守する義務やその規範に拘束されるということを心の中では信じていないからである。一方イスラム法は神の法であり、天の法であって、その言葉に改変はなく、その規定に不正はない。イスラム教の信仰はそれに服従すること、そしてそれに喜びを感じることによってしか完成されないのである」

カラダーウィー師は同書の中で、人間の定めた世俗法を否定し、異教徒にとってもイスラム法による統治が理想的なのだ、という論を展開しています。しかしこうした「イスラム寛容論」や「イスラム万能論」は基本的に「観念論」であり、イスラム社会やズィンミーの歴史、法適用の実態を全く反映していません。またイスラム法による統治においては、イスラム教徒が異教徒と経済的資本、社会的利益を共有することはあっても政治権力を共有することはありません。政治的多元性は絶対に実現されないのです。このような点を踏まえ、歴史学者のバーナード・ルイスは、ズィンミーは確かにイスラム世界の市民として認められていたが、法的・社会的に劣等な二級市民であったと結論づけています。

「イスラム寛容論」に対しては、より厳しい批判もあります。たとえばズィンミー研究で知られるB・イェオールは、ズィンミー問題を「イスラム寛容論」のレトリックから解放し、ジハードの結果生じた敗者と勝者の関係の上に位置づけるべきだと主張しています。ズィンマとは、勝者たるイスラム共同体の支配を守るための略奪と植民化のシステムであるとし、従ってズィンミーを「保護され寛容に扱われた宗教的マイノリティ」であると理解することは、ズィンミーが「屈辱的状況を受け入れることを強いられたマイノリティ」の地位に貶められていった過程を隠蔽することになる、と論じます。

彼女はさらに、ジハードとズィンミー制度のイデオロギーが主張する「イスラム的寛容」と全人類の平等に立脚する近代的人権概念は両立しえない、あるいはイスラム教は西側諸国の全ての人間をズィンミー化しようとしている、と警告してもいます。

キリスト教徒とズィンマ契約

イスラム法による統治を掲げる「イスラム国」は、二〇一四年一〇月には奴隷制を復活させたと宣言して世界を驚かせました。もうひとつ注目すべきが、ズィンミー制の復活です。彼らは二〇一四年四月に、シリアのラッカのキリスト教徒とズィンマ契約を締結したと発表し、その契約書をインターネット上に公開しました。

この契約は前文と一二カ条からなっており、前文では既出の『コーラン』第九章二九節を引用したうえで、このズィンマはカリフであるバグダーディーからラッカのキリスト教徒に与えられた安全保障であり、これによって彼らの生命・財産・信仰の安全が保障されると記されています。イスラム法はズィンマをカリフが異教徒共同体に対して授与するものと規定しており、「イスラム国」版ズィンマ契約の形式はそれに則っています。

ズィンマ契約一二カ条の概要は以下の通りです。

第一条　教会や修道院の新築、再建の禁止。
第二条　道や市場での十字架や聖書の掲示、拡声器を用いた礼拝の呼びかけの禁止。
第三条　イスラム教徒が聞こえるような声での聖書の朗唱、鐘を鳴らすことの禁止。
第四条　「イスラム国」に対するあらゆる敵対行為の禁止。陰謀について情報を得た場合は必ず当局に知らせなければならない。
第五条　信仰に関係するものを教会の外に出すことの禁止。
第六条　キリスト教徒がイスラム教に改宗するのを妨害することの禁止。
第七条　イスラム教とイスラム教徒を尊重する義務と、それを否定することの禁止。
第八条　キリスト教徒成人男性に対する年二回のジズヤ支払い義務。一回ごとの支払い金額は、富裕者は四ディナール、中産者は二ディナール、貧者は一ディナール。
第九条　武器所有の禁止。
第一〇条　豚や酒のイスラム教徒への販売、公共の場での飲酒の禁止。
第一一条　キリスト教徒専用の墓地所有の許可。
第一二条　その他の事案について「イスラム国」によって課せられた規範の遵守。

この一二カ条に続き、これに違反した場合にはズィンマは失効し「イスラム国」によって戦争の民とみなされる、つまり殺害の対象とされると記されています。

この内容は、ズィンマ契約の定型である「ウマル憲章」の一部を抜粋したかたちになっています。ウマル憲章というのは、第二代正統カリフ・ウマルとキリスト教徒の間に結ばれた契約として、法学書や歴史書で頻繁に言及されるズィンマ契約のひな型のようなものですが、近代以降の歴史研究はウマル憲章を「イスラム法発展の過程で形成されたズィンミーについての諸規範がアッバース朝以降ウマルに帰せられるかたちで確立された」と結論づけており、史実ではないと見るのが一般的です。

ウマル憲章においては「イスラム国」版ズィンマ契約にある条項の他に、イスラム教徒を歓待する義務、イスラム教徒への布教の禁止、イスラム教徒の服装や靴、髪型、名前を真似ることとの禁止等が規定されているものの、それらの内容は第一二条の中に全て含意されていると理解できます。総じて「イスラム国」は、異教徒をイスラム法で規定された通りのズィンミーとして扱うことをこの契約文書で意図していると言えます。文字通り、現代におけるズィンミー制の復活宣言です。

理不尽な〝不平等契約〟

　ズィンミー制の基本は、イスラム教徒の絶対的優位に対する異教徒の劣位です。ズィンマ自体がカリフから一方的に賦与されることに象徴されるように、異教徒の側に権利を主張したり改善を要求したりする余地は一切残されていません。

「イスラム国」は、二〇一五年九月にシリアのカルヤタインのキリスト教徒と締結したズィンマ契約書も公開しており、その内容も同文書とほぼ同一です。カルヤタインの場合は、ホールに集められたキリスト教徒を前にズィンマ契約を読み上げる「イスラム国」司令官の様子や、契約にサインするキリスト教徒らの写真もあわせて公開されました。「リアル・ズィンミー」の姿は、二〇年来ズィンミー研究をしてきた私にとっても衝撃的でした。

「イスラム国」版ズィンマ契約において、ズィンミーは権利と自由を大幅に制限された価値の劣る存在と規定され、その立場の甘受および人頭税支払いと引き換えに身の安全と信仰の維持が保障されることになっています。これは、信教の自由を認め、宗教の違いによって権利や自由が制限されてはならない、とする近代的な自由主義、人権主義とは全く相容れません。

「イスラム国」は一ディナールを二一カラットの金四・二五グラムと規定しているので、一ディナールは一万五〇〇〇円程度と考えることができます。ゆえに、ズィンミーが支払うべきジズヤは、富裕者の場合は年間約一二万円、中産者は六万円、貧者は三万円程度になります。これを支払い、ズィンマ契約の規定に服しさえすれば殺されずにすむのだから安いものだ、というのが「イスラム国」側の主張です。

アメリカを拠点とするオンライン紙『クリスチャン・サイエンス・モニター』は、二〇一三年にイラクのバグダードで写真屋を営むキリスト教徒のもとに数人のイスラム教徒がやってきて、イスラム教に改宗するか、約七万ドル（七五〇万円）をジズヤとして支払うか、家族とともに殺されるかという三つの選択肢のどれかを選べと強制されたと伝えました。

またシリアで酒屋を営んでいたキリスト教徒がイスラム教徒に、「お前の金は俺たちのもの、お前の妻は俺たちが寝とる権利がある、お前の子供は俺たちが殺す権利がある。これらすべてがハラール（イスラム法で許されているもの）だ」と脅迫され、酒屋に放火され、命からがらヨルダンに逃げたという事件も報じています。シリアやエジプトなど中東のキリスト教徒たちは、単なるイデオロギーや観念としてではなく、実生活の中でイスラム法による統治やズィンミーという劣位を強いられる恐怖を体験しているのです。

ハリウッド映画を凌ぐ戦闘映像

スンニ派イスラム法学においては、神が命じた唯一正しい統治体制はカリフ制である、と法学者間で合意が成立しています。啓示に由来する規定が存在しない場合には、このような法学者間の合意を規定とするのがルールです。しかし歴史的には、一〇世紀から一一世紀以降、カリフ制の実態は失われたとされています。「イスラム国」はそのカリフ制を再興し、イスラム法による統治を全世界に広め世界征服を成し遂げることを目標に掲げています。「イスラム国」版「メディナ憲章」とズィンマ契約の考察から明らかになったのは、「イスラム国」の喧伝するイスラム法による統治とは、一〇世紀に完成した法を文字通りそのまま施行する試みだ、ということです。

私はカリフ制再興宣言以前から、「イスラム国」の公開した映像、画像、機関紙、文書などをひたすら収集していますが、それらからは彼らが徹底的にイスラム法の施行にこだわっていることがよくわかります。彼らはカリフ選出やイスラムの地へのヒジュラ、軍事的ジハードなど、現代の宗教エリートたちが蔑ろにしてきた義務について、世界中のイスラム教徒たちにそれらが神に命じられた義務であることを知らしめ、自ら率先して履行しています。イスラム2.0へのアップデートが進んだイスラム教徒は、「イスラム国」の主張が啓示に立脚しており、イスラム法的に正しいということを知っています。

「イスラム国」が今も公開し続けているジハード映像は、実戦映像であるがゆえに、多額の予算をかけて作られたハリウッド映画をも凌ぐ迫力があります。「イスラム国」には撮影専門部隊があり、彼らは至近距離で戦闘を撮影し、死亡時には戦闘員と同様に殉教者として讃えられます。戦闘員がゴープロのようなアクションカメラを装着し、カメラを回した状態でジハードを戦い、戦闘員が銃撃に倒れたところでカメラが横転し、死亡後もカメラだけが回り続けるといった映像は、シューティングゲームを遥かに凌ぐ「臨場感」があります。

戦闘員は勇敢に戦うだけでなく、絶え間なく神を讃え、『コーラン』を読み、礼拝も欠かしません。たとえ窮状にあっても常に朗らかで、仲間同士で神の法について学び合い、互いに助け合い、自爆攻撃の際も笑顔で出陣します。実態は不明ですが、少なくとも映像の中の「イスラム国」戦闘員たちは、イスラム教徒の「手本」と呼ぶにふさわしい振る舞いを見せています。その姿は未だジハードに参戦していないイスラム教徒の心を激しく揺さぶり、痺れるような感動を与え、強烈な憧れを呼び起こす魔力を持っています。

徹底したイスラム法適用

二〇一四年にピュー・リサーチ・センターが実施した調査において、敵からイスラム教を防衛するために市民をターゲットとして自爆テロを行うことはしばしば、もしくは時には正当化されると回答した人は、バングラデシュでは六一％、エジプトでは五八％、レバノンでは五四％、マレーシアでは三三％、トルコでは二九％、インドネシアでは二二％となっています。反対に、絶対に正当化されないと回答した人は、バングラデシュでは三三％、エジプトでは三八％、レバノンでは四五％、マレーシアでは六〇％、トルコでは五八％、インドネシアでは七六％となっています。

「イスラム国」からすれば、カリフ制を再興しイスラム法による統治を行う「イスラム国」に対し、世界の国々が全力で潰しにかかっているわけですから、彼らの行うジハードは全て「敵からイスラム教を防衛するためのジハード」です。イスラム教を防衛するためにジハードを行い、時に自爆という手段に訴えるというやり方は、少なくとも一部のイスラム教徒からは強く支持されています。

「イスラム国」は支配地域において、イスラム法適用を徹底しています。ヒスバと呼ばれる宗教警察が常時パトロールを行い、イスラム法に反する行いをする人間を見つけては注意し、反省を促し、何をどうすべきか教示します。イスラム法に反する教会や聖者廟、墓、彫像などは破壊され、酒やタバコや麻薬、賞味期限の切れた飲食物や薬品、楽器などは没収され焼却されます。スパイ行為や神への冒瀆、窃盗、強盗、姦通、同性愛行為などを行った者は逮捕され、裁判ののち、イスラム法で定められた通りの刑罰が執行されます。斬首も稀ではなく、刑の執行は基本的に公衆の面前で行われます。

貧しい人々に対しては現金のほか、食料や燃料、衣料品などを支給します。殉教したジハード戦士の遺族に対しては年金を支給します。子供には『コーラン』を学ぶことを奨励し、男女別の学校もあります。イスラム法においては第二次性徴を迎えると成人にみなされるため、男子はその年頃を迎えると軍事訓練キャンプに入ることも奨励されます。彼らは子供戦闘員としてではなく、一人前の成人男性として前線に赴きジハードを実行します。

日本人には受け入れがたい

「イスラム国」がアピールするのは、イスラム法による統治の「厳しさ」や「苛烈さ」ではありません。彼らは、イスラム法による統治が行われることで人々の安全が守られ、治安と秩序が維持され、人々が平和に幸せに日常生活を送ることができている、という点を強調しています。そこでは「イスラム的平和」が実現されているのです。

異教徒もズィンミーとして生存権が保障されているうえ、いつでもイスラム教に改宗する自由が与えられています。差別されるのが嫌なら改宗すればいいのです。イスラム教徒は神への服従のみが命じられ、地上のあらゆる権威への隷属から解き放たれているため、我々にこそ「究極的自由」が保障されている、とも主張します。またカリフも一般信徒もイスラム法に服さなければならないという点において平等であり、男も女も神がそれぞれにふさわしい義務と権利を与えているという点において平等だとされています。

このように「イスラム国」には、イスラム的価値に基づく自由と平等があるのです。「イスラム国」に平和、自由、平等がないわけではなく、彼らの平和、自由、平等が私たちの平和、自由、平等とは異なるだけなのです。そしてもちろん、彼らの価値は神の命令に由来しているため、私たちの価値に優越していると彼らは信じています。

「イスラム国」が世界征服のために行う暴力行為は、イスラム法においては神に命じられたジハードとして正統化されますが、現代の国際社会では到底容認されません。彼らの実践するイスラム法による統治も、イスラム法においては唯一正しい統治体制とされますが、それは間違いなくイスラム教というひとつの宗教だけが絶対優位に立つ政体です。これは、人間はみな生まれながらに自由であり、等しく尊厳と人権を与えられ、法の下に平等であり、宗教や性別等によって差別されず、辱めや拷問を受けることなく生命・自由・安全が保障される権利、自由に意見を述べる権利、代表者を選んで政治に参加する権利を有し、これらの権利と自由を奪う権利は誰にもない、という「世界人権宣言」に象徴されるような近代的人権観には完全に抵触します。「イスラム国」の行為は、彼らのイスラム的価値観においては正しくても、私たちの価値観においては正しくないのです。

イスラム的価値観と私たちの価値観は、それ自体が異なります。さらに重要なのは、両者の目指す目標が全く異なる、という点です。目標を共有してさえいれば、価値観の差異はあっても、その同じ目標を目指して共に歩んでいくことはできるでしょう。互いのよいところを認め合うことも時には可能でしょうし、お互いの差異について議論したり切磋琢磨したりすることも肯定的な意味を持つはずです。

しかしイスラム教が目標としているのは、イスラム教という唯一の価値だけが絶対優位に立つ世界の実現です。イスラム教徒以外の人間がそれに同意できるはずがありません。

ヨーロッパ諸国が「政治的イスラム」を規制し始めたのも、アメリカのトランプ政権がその推進の中核であるムスリム同胞団をテロ組織として指定することを検討し始めたのも、イスラム法による統治が実現され、イスラム教という価値だけが絶対優位におかれることの危険性に気づいたからにほかなりません。そうなれば、多様なアイデンティティを持つ人々の平等も自由も、政治的多元性も失われます。

異教徒にとっての悪夢

イスラム法による統治は全イスラム教徒の理想であるものの、彼らの大多数はその実現のために武装闘争に身を投じたりはしない「穏健派」です。しかし二〇世紀を代表するイスラム法学者アブドゥルワッハーブ・ハッラーフや宗教学者のW・C・スミスの表現を借りるならば、イスラム法は神と人間とを仲介するだけでなく、世界中のイスラム教徒たちの社会に活力と結合、統一性をもたらす役割も果たします。

イスラム2.0へのアップデートが進む中、時代や地域を超越し、唯一正しい神の法としてのイスラム法に立ち戻らなければならないと考え、それを行動に反映させるイスラム教徒は確実に増えつつあります。「イスラム国」が一時期ズィンミー制を復活させたラッカやカルヤタインは、現在「イスラム国」の手から奪還されました。しかし今後も「イスラム国」が存続する限り、別の場所でズィンミー制が復活する可能性は否めません。「メディナ憲章」が発行されたモスルも、現在はイラク政府統治下におかれています。しかしイラクのクルド自治政府は、二〇一八年後半から「イスラム国」によるテロが再び増加傾向にあると警告しています。CSIS（戦略国際問題研究所）は、二〇一八年にイラクで「イスラム国」が行った攻撃数は二〇一六年よりむしろ増加していると報告しています。

第五章で述べたように、二〇一一年にアラブの春でムバラク政権が崩壊した後、二〇一三年七月にムスリム同胞団政権が崩壊するまでのエジプトでも、ズィンミー制復活は現実的な政治課題でした。この時期、政治家やイスラム教指導者、アズハルのイスラム法学者らは公の場で、あるいは新聞やテレビで、キリスト教徒にはジズヤを課すべきだと堂々と主張していました。私は当時エジプトに住んでいたので、社会全体がどれほど混乱し、身近なコプト教徒たちがどれほど動揺し、いかに事態を深刻に受け止めていたかをよく覚えています。「イスラム法統治下にズィンミーとして住まうことは異教徒にとっても理想的なのだ」、などという「イスラム万能論」が、空想的で観念的な言辞にすぎないことは、イスラム2.0時代を生きる「異教徒」たちにとっては明白です。

日本人は立ち向かえるのか

イスラム教徒は、イスラム教による世界征服は必ず実現されると信じています。なぜなら『コーラン』第二章二一四節に、「神の勝利は近い」とあるからです。二〇一九年現在、イスラム教徒人口は他を圧倒する勢いで増加しており、二〇七〇年には世界人口の三人に一人がイスラム教徒となり、来世紀には過半数を超えるという予測もあります。イスラム教徒が世界の多数派を占めるようになるとき、彼らが西洋由来の近代普遍主義を採用し続ける保証はどこにもありません。

これまで軍事力と経済力によって自由と民主主義を世界に広めようとしてきたアメリカは、その方針を転換しつつあります。他方、世界では自由と民主主義を奉じない勢力が軍事的、経済的覇権を確立させつつあります。絶対的にも相対的にも、近代という価値は既に往年の輝きを失っています。今後、人口パワーを背景に、イスラム法による統治が世界各地で導入される可能性も排除することはできません。

もしそうなった場合、私たちはどうするのでしょうか。イスラム法支配を強制する勢力と戦うのか、降伏して戦いを回避するのか、その場合イスラム教に改宗するのか、それとも異教徒のままズィンミーという劣位に甘んじるのか。「イスラム国」が現在行っているイスラム法による統治やズィンミー制は未来の私たちの現実かもしれないということを、完全に否定することは誰にもできません。

第七章

イスラム教徒と共生するために

日本人は八〇年間で半減

現在日本では少子化が進み、人口が減少し、高齢化も進んでいます。国立社会保障・人口問題研究所は、二〇五〇年の日本の人口は中位推計で一億人、二一世紀末には六二〇〇万人になると予測しています。今後八〇年間で、日本の人口は今の半数以下になるのです。

他方イスラム教徒は、現在も他の宗教の信徒を圧倒する勢いで増加しています。ピュー・リサーチ・センターは、世界で生まれる新生児の数は二〇三五年までにイスラム教徒がキリスト教徒を追い抜き、その差はどんどん拡大すると予測しています。二〇一五年時点では世界最大の宗教人口はキリスト教徒で世界人口の三一・二%を占めていましたが、二〇六〇年までの間にキリスト教徒の人口が三四%増加すると予想される一方、イスラム教徒の人口はその二倍以上の七〇%増加すると予測されており、二〇七〇年には両者は拮抗し、その後ひたすらイスラム教徒の人口が増加するとも予測されています。

また世界は現在、歴史上かつてないほど人や物の移動が活発になり、日本にも多くの外国人が観光だけでなく、勉強や仕事のためにやってきています。日本に暮らす日本人にとって外国人は、既に隣人や知人、友人、同級生、生徒、教師、同僚、上司、部下、雇用者、被雇用者、顧客、購買者など、様々な関係性において身近な存在です。日本企業も生き残りをかけ、新たなチャンスを求めて世界に進出し、外国人を雇用したり、外国人を相手に、あるいは外国人と共にビジネスを行ったりする時代になっています。
日本人は自分が求めようと求めまいと、外国人と付き合わざるをえなくなっています。イスラム教徒とも関わりを持たざるをえない時代が、すぐそこまで来ているのです。

四原則を心がけて付き合う

私は、一般の日本人がイスラム教徒とどう向き合うべきかという問題と、日本という国がイスラム教徒に対してどのような政策、立場、認識で臨むかという問題は、別物だと考えています。なぜなら前者は個人の問題で後者は国家の問題であり、両者は目指す目標も異なるうえ、前者は良くも悪くも個人の努力次第で変わる可能性があるからです。

一般の日本人がイスラム教徒と関わる際に最も重要なのは、極力衝突や争い、面倒、不快といったトラブルを避け、できるだけ平和裡に共存する、ビジネスを成功させる、といった実利をとることだと私は考えます。それを目標と設定した場合には、次の四つの原則を厳守することが重要です。

①普遍真理を争わない。
②法の遵守の徹底。

③日本の常識を押し付けない。
④レッドラインを越えない。

以下、この四原則とそこから導かれる具体的アドバイスについて述べていきます。

①普遍真理を争わない。
イスラム教徒にとっての普遍真理はイスラム教です。本書でこれまで述べてきたように、イスラム教の価値、論理は私たちのそれとは相当に異なります。しかし、私たちが自分たちの価値や論理を絶対視し、イスラム教徒に対して「あなたたちは間違っている」と議論を挑んだところで、全く利益はありません。そんなことを言ったところで、争いと不和のタネをまき、イスラム教徒を不快にさせるだけです。

この原則からは、次のようなアドバイスが導かれます。

（1）イスラム教を否定したり冒瀆したりしない。
（2）神を否定したり冒瀆したりしない。
（3）預言者ムハンマドを否定したり冒瀆したりしない。

（4）概念としての『コーラン』を否定したり冒瀆したりしない。
（5）物体としての『コーラン』を破ったり燃やしたり捨てたりしない。
（6）来世や天使の存在を否定したりその信仰をからかったりしない。
（7）イスラム教からの転向や棄教を呼びかけない。
（8）宗教の話は自分からはしない。

神や預言者、来世、天使については、多くの日本人が「いない／ない」と思っているかもしれませんが、イスラム教徒は逆に「いる／ある」と信じています。イスラム教徒は今現在、自分が存在し、世界が存在することは、窮極的には神の存在なしには説明できないと信じています。

彼らがそれを信じる根拠となっているのが、預言者ムハンマドを介して神から伝えられ、『コーラン』というかたちで書き留められた啓示です。『コーラン』そのものがとても人間が作り出せるような代物ではなく、神の言葉そのものとしか理解できないということも、彼らがイスラム教を信じる根拠となっています。ゆえに、あなたが神や預言者、来世、天使など「いない／ない」と考えるのはもちろんあなたの自由ですが、イスラム教徒とのトラブルを避けたい場合には、そういった発言はしないほうが賢明です。

イスラム教徒とは宗教の話をしないほうがいいのですが、一方で一般にイスラム教徒は非常に宗教の話が好きです。「あなたの宗教は何か？」と聞かれた場合の注意点。

（9）自分は無宗教であると言わない。

たとえ実際は無宗教であったとしても、「仏教徒」などと答えるほうが無難です。宗教を持たない人間、神を信じない人間というのは、人間として全く信頼に値しないと判断される可能性が高いからです。ビジネスなどでイスラム教徒と関係を持つ場合、相手に「人間として全く信頼できない」と認定されることは、非常に不利に働きます。

現在、日本人の多くは形式的にはどこかの寺の檀家になっている一方で、仏教の信徒であるという意識は一般に希薄です。しかし、たとえあなたが僧侶に世話になるのは葬儀のときだけだと考える程度の仏教徒であったとしても、イスラム教徒から見れば立派な仏教徒です。仏教は確かに一神教ではありませんが、無宗教を自称する人間より仏教徒のほうが相対的に遥かに「まし」だと言うことはできます。人によっては、「ブッダもまた神が遣わした預言者なのかもしれない」と好意的に解釈してくれる場合もあります。

（10）多神教の一神教に対する優位を主張しない。

これも重要です。日本人は一神教に対して過度に厳格なイメージを持ち、それとは対照的に八百万《やおよろず》の神を信仰する日本の多神教に対しては、寛容かつおおらかで、一神教よりずっと優れていると信じている人が多いように思います。日本の多神教は一神教の神も受け入れる懐の深さを持つ一方、一神教は他の信仰に対して非寛容かつ排他的であり、それが国際的な紛争の原因となっているといった、梅原猛氏に代表される「多神教優越論／一神教批判」を目にすることも少なくありません。

日本は、「あなたにはあなたの信仰がある」といったように宗教を相対化することができるという「美点」を誇り、一神教の信者は自分の宗教のみを絶対的なものと信じる「心の狭い」人だから、日本の態度を見習うべきだと主張する人もいます。もちろん、日本人がそう信じるのは自由です。しかしイスラム教を絶対普遍の真理と信じるイスラム教徒にとって、これは受け入れがたい主張です。お互いに不愉快な思いするのを避けるためには、こうした発言は控えるのが賢明です。

（11）私たちにとっての神とイスラム教の神を同一視しない。

これも重要です。私たちが曖昧に把握している神の概念とイスラム教の神の概念はかなり異なるので、これもトラブル発生を防ぐためには回避すべき話題です。

イスラム教徒は異教徒と親しくなると、高い確率でイスラム教への改宗を促してくるので、気をつけていただきたいことがあります。

(12) 安易にイスラム教に改宗しない。

もちろん、あなたがイスラム教に改宗するのはあなたの自由です。また日本国憲法においては、宗教に入信する権利も棄教する権利も認められています。しかし、イスラム教は教義で棄教を禁じています。棄教は死刑というのがイスラム法の規範です。イスラム法的には、あなたには入信する自由はありますが棄教する自由はないのです。

違法行為に「例外」を認めない

②法の遵守の徹底。

トラブルが発生した際に、なるべく穏便にコトを収めようとする姿勢は大切ですが、それと同様に大切なのは法の遵守です。イスラム教徒の信じる普遍真理を尊重することは重要です。一方で、もし彼らが私たちの住む地で施行されている法律に抵触するような行為をした場合には、それを見過ごしてはならないと私は考えます。

この原則からは、次のようなアドバイスが導かれます。

(13) 暴力は許さない。
(14) 仏像や彫像、墓石、神社仏閣などの破壊行為は許さない。
(15) 女性や異教徒、ＬＧＢＴに対する差別、ハラスメントは許さない。

これらは少なくとも、日本においては違法行為です。イスラム教徒だけに特別にこうした行為を許すことは、法治体制や社会秩序の崩壊を意味します。

合コンやキャバクラは厳禁

③日本の常識を押し付けない。

日本人は「郷に入っては郷に従え」という言葉が非常に好きです。周りの人に合わせること、協調性を持つことを非常に重んじます。しかしイスラム教は普遍宗教です。イスラム法の規範は、場所や時間にかかわらずイスラム教徒を拘束します。日本にいようと母国にいようと、イスラム教徒はイスラム法に従うのが当然だと認識しています。

お互いが嫌な気持ちになるのを避けるためには、不文律たる日本の常識、日本のやり方を一方的に押し付けるべきではありません。

この原則からは、次のようなアドバイスが導かれます。

(16) 軽い気持ちで食べ物や飲み物をあげない。
(17) 酒や豚を口にするように勧めない。
(18) キャバクラやバー、合コンなどに誘わない。

日本人の中には、イスラム教徒も本当は豚を食べたり酒を飲んだりしたがっているので、こちらから勧めてやるのが親切である、と思い込んでいる人が一定数いるようですが、こうした勘違いは取り返しのつかない問題を引き起こしかねません。

二〇一九年五月には、インドネシアで介護人材育成に携わっていると称する日本人が、イスラム教徒にとんこつラーメンを食べさせ、途中で豚が入っていると知らせ相手が驚愕する様子を写真に撮り「悪気はない。許せ」とコメントをつけてTwitterに投稿したものが拡散し、問題となりました。この人物は、「イスラム教ではアルコールが禁じられているので、とりあえずビールと日本酒とワインを飲ませておきました」といった投稿もしていました。国益を損ないかねない最悪の愚行です。

もちろん、豚を食べたり酒を飲んだりするイスラム教徒はいます。しかし彼らが自主的にそうするのと、あなたがそれを誘ったりけしかけたり、騙して食べさせたりするのとは、全く別の問題です。「豚じゃないと思って食べればいい」といった「提言」も、相手を当惑させるだけで何の解決にもならないのですべきではありません。

日本の食べ物には豚や酒が含まれている場合が少なくないので、お土産や贈り物として食べ物を選ぶのは避けたほうが賢明です。飲食については、

(19) イスラム教徒が飲食するもの、しないものについてあれこれ詮索しない。

これも注意してください。イスラム法の規範では飲食してはならないものが定められています。しかし実生活において、何を口にし、何を口にしないと判断するかは、人によっても異なります。たとえばイスラム法においては一般に酩酊《めいてい》作用を持つ酒類は全て禁じられると解釈されています。では製造過程でアルコールが使用されている醤油や味噌は合法

か、料理に入れる酒やみりんは料理の過程でアルコール分は飛ぶので酩酊作用はないがそれも違法かというと、それについては様々な判断があります。あなたが興味本位で個々のイスラム教徒にあれこれ詮索しても、イスラム教徒をうんざりさせ、なおかつあなた自身もよく理解できないという、あまり良くない結果にしかならない可能性が高いです。

(20) ラマダン中に飲食するイスラム教徒を見てもからかったり詮索したりしない。

なぜならラマダン中の断食については様々な免除規定があり、それはプライバシーに関わる問題だからです。たとえば女性は生理中に断食しません。つまり、あなたが「あれ？今ラマダン中なのに水飲んでいいの？」と何の気なしにたずねた場合、イスラム教徒女性は「私は今、生理中で、生理中は断食をしないのです」と答えなければならないのか、という問題です。これは一種のハラスメントになりかねません。

遊びに誘う場合にも注意が必要です。私たちにとっては日常的な何の問題もない行為でも、イスラム法の規範に抵触する行為は多くあります。全く気にしないイスラム教徒もいますが、こうした行動を極度に嫌悪するイスラム教徒もいます。

(21) パチンコや競馬、競艇など賭博に誘わない。
(22) 裸や性的描写を目にする可能性がある場所に誘わない（海やプール、美術館、映画）。
(23) ライブやコンサートといった音楽イベントには誘わない。
(24) 異教の宗教行事には誘わない（夏祭りや初詣、ハロウィン、クリスマス会など）。
(25) 占いに誘わない。

贈り物をする際にも、次のような注意が必要です。

(26) 男性に金やシルクの装飾品をプレゼントしない。
(27) 異教の宗教的な贈り物はしない（バレンタインのチョコや神社のお守りなど）。

これも気をつけるべきです。

(28) イスラム教に関わる軽口をたたかない。

酒は酔わなければいくら飲んでもいいのだろうとか、イスラム教は四人妻を持てるから羨ましいとか、いやかえって男は大変だとか、イスラム教徒女性は髪や体を覆い隠しているがあれは逆にセクシーだとか、目以外の全てを隠すスタイルはまるで郵便ポストみたいだとか、ラマダン中は怠け放題で羨ましいとか、インシャーアッラー（神がお望みならば）と言えば約束を反故にしてもいいと思っているのだろうとか、そういったイスラム教に関わる軽口の全ては基本的に不適切であり、イスラム教徒にひどく不快な思いをさせる可能性があります。

イスラム教徒との付き合いの中に、日本人と付き合う場合と同じ感覚を持ち込むのもお勧めできません。

(29) 日本人と同じ感覚でお金を貸さない。
(30) 日本人と同じ感覚で約束をしない。
(31) 親切にしても感謝を求めない。
(32) 許可なくカメラを向けない。

要するに、次のようにまとめることができます。

(33) イスラム教徒を安易に日本人と「オンナジ」だと思い込まない。

外国人労働者の受け入れを国として認めたことを受け、わが国も「多様性」のある社会を目指さなければならないと政財界、マスメディアが宣伝を開始して久しいですが、日本人はどうしても外国人や異教徒も自分たちと「オンナジ」だと信じ込む傾向にあります。

イスラム教徒といっても所詮は我々と「オンナジ」人間だ、我々と「オンナジ」ように酒を飲み、好きなものを食べ、好きなファッションで着飾り、化粧をして可愛く装い、カジュアルな男女交際をして、放蕩三昧に浸りたいはずだ、本当は礼拝なんて面倒でサボりたいはずだ、神や来世なんて本当は信じていないはずだ、といった思い込みは危険です。

イスラム教徒も私たちも同じ人間ではありますが、彼らが正しいと信じる規範（ルール）や価値観、世界観は私たちとは全く異なります。それらは、『コーラン』とハディースという目に見える形でテキストとして存在する明確な典拠に由来しています。もちろん、イスラム教徒の中にもそうしたルールに反する行動をする人はいくらでもいます。しかしそうした個人がいくら多く存在しようとも、ルール自体は変わりませんし、イスラム教徒はそのルールに従わなければならないのだという原則も変わりません。なぜならイスラム教というのは、そういうものとして神から啓示され、定式化されているからです。

ルールに反して礼拝などせず、酒を飲み、豚を食べるイスラム教徒に、心の赴くまま、欲望のまま生きる自分たちの姿を重ね合わせて「オンナジ」だと勝手に思い込み、そのようなイスラム教徒こそ歓迎されるべきだと決めつけることは、単なる無知であるだけでなく失礼です。イスラム教徒は、現世でそうした欲望に溺れることなく、神の命令に従って生きることにより、来世で救済されると信じています。絶対的存在である神や来世の存在を当然のものとして信じるイスラム教徒は、神や来世の存在をまともに信じることをむしろ愚かだと考える人が多い日本人と「オンナジ」どころか、「全然違う」のです。

自分と「全然違う」相手の存在を認めるという知的・心理的負担を避けるために、酒を飲んだり豚を食べたりするイスラム教徒がいるという「風説」を聞くやいなやそれに飛びつき、やっぱり「オンナジ」なんだと心を落ち着けたところで、神の絶対的な規範を正しさの基準とするイスラム教の根幹はピクリとも揺らぎません。

日本人と同じように欲望に翻弄され、日本人と同じ価値観を持ち、「郷に入っては郷に従え」精神に同意する外国人だけを「多様性」の対象として受け入れるのであれば、それは実態としては「多様性」の拒絶であり、単なる同調圧力の押し付けにすぎません。イスラム教徒にはイスラム教徒の価値観があります。その他の外国人にも固有の価値観があるはずです。彼らの多くは、私たちが「オンナジ」だと曖昧に受け止めることのできる範疇をはるかに越える常識や、習慣を持つ人々です。「多様性」のある社会の実現は、私たちとは「全然違う」価値観を持つ人々の存在を受け入れる覚悟なしには不可能なのです。「全然違う」価値観を持つ人々の存在を受け入れるとは、その価値観自体を私たちが正しいものとして受け入れることとは全く異なります。異なる価値観を持つ人々が、何を信じ、何を考え、何に怒り、どう感じるのかを理解したり、想像したりするプロセスを経て、衝突が発生しかねない状況をどうにかやりすごす、というスレスレの攻防戦の連続です。

これはストレスを伴う極めて知的な営為です。しかしこれなしには、「多様性」社会はうんざりするほど面倒と問題が多いだけの単なる衝突多発社会になります。イスラム教徒だけではなく様々な背景を持つ他者を根拠なく自分たちと「オンナジ」だと勝手に決めつけ、その差異に目を瞑《つぶ》ることは、知的怠慢であるだけでなく、「オンナジ」ではないとわかった瞬間に他者の排斥に走る危険性を秘めてもいます。

また、これにも注意が必要です。

（34）イスラム教の規範（ルール）に合理的な説明を求めない。

なぜ一日五回礼拝するのかとか、なぜ断食するのかとか、なぜ豚肉を食べないのかとか、なぜ酒を飲まないのかとか、そういった「なぜ」に対する全ての回答は、イスラム教的には「神が命じたから」が正解です。日本人の中には、イスラム教徒が豚肉を食べないのは豚肉に病原菌が多いからだとか、一日五回礼拝するのは健康にいいからだとか、そういった合理的な説明がなければ納得できないと主張する人がいますが、イスラム教の規範は神の命令に由来しています。神が神の論理で定めたのがイスラム教の規範であり、人間が人間に理解できる合理的な理由に基づきその規範を定めたわけではないのです。

次に、これにも気をつけてください。

(35) イスラム教の規範の妥当性を論駁《ろんばく》しようとしない。

たとえば、イスラム教徒はラマダン月の一カ月間、日の出から日没まで飲食などを断たなければならないとイスラム法で規定されています。これについて、「暑い中、水も飲まないのは明らかに体に悪い。水を飲まないと熱中症などにかかることは子供でも知っている常識だ。だからこんなルールはおかしい」「非科学的で非人道的だ」、などと非難するのは控えたほうが賢明です。イスラム教徒は体にいいから飲食を断つわけではなく、神に命じられているからそうしているだけです。幼い子供や病人などに対しては免除規定もあります。体に悪い云々は、自ら飲食を断つイスラム教徒たち自身が論じればいい問題であり、外部者がそれに口を挟むのは単なる余計なお世話です。

「神が命じた」と言っても、所詮『コーラン』は人間が作ったに違いないし、イスラム法だって人間が作ったに違いないと主張して譲らない人がいます。しかしイスラム教徒は、その人が「『コーラン』は人間が作ったに違いない」と信じるのと同様の強い確信をもって、「『コーラン』は神の言葉そのものだ」と信じています。自分とは異なる信念を持つ人がいることすら認められないようでは、「多様性」街道の入り口に立つこともできません。

『悪魔の詩』『服従』の悲劇

④レッドラインを越えない。

イスラム教徒は、イスラム法というのは世界の全ての人間が従わなければならない神の法であると信じています。たとえあなたがイスラム教徒ではなくても、イスラム法で禁じられたことを行うと、イスラム教徒の激昂を招く可能性があります。特に気をつけるべきは、既に述べたことと重複しますがこれです。

(36)　イスラム教、イスラム教の神、預言者、啓典『コーラン』を否定したり、冒瀆したり、揶揄したり、風刺したりしない。

これらはイスラム法で死刑に相当すると規定される犯罪行為であり、それを行うとレッドラインを越えたとみなされる可能性があります。日本はすでに数十年前から、この問題と無縁ではありません。

一九九一年、サルマン・ラシュディ著『悪魔の詩』を翻訳した筑波大学助教授の五十嵐《いがらし》一《ひとし》氏が、喉を切り裂かれるなどして殺害される事件が発生しました。『悪魔の詩』については一九八九年、イランの最高指導者ホメイニ師が預言者ムハンマドに対する冒瀆であると断罪し、著者だけでなく出版に関わったあらゆる人間を死刑に処さねばならないというファトワー（イスラム法的見解）を発行していました。犯人は見つからないまま事件は二〇〇六年に公訴時効を迎えましたが、同書を翻訳した行為がイスラム教への冒瀆とみなされ、それが事件と関係していることはほぼ間違いないと見られています。

二〇〇一年には富山の中古自動車販売店の周辺で破り捨てられた『コーラン』が発見され、パキスタン人たちが全国各地で抗議デモを実施しました。日比谷公園では約四〇〇人が「イスラム教への冒瀆を許すな！」と集会を行った後、外務省までデモ行進し、『コーラン』破棄は全世界のイスラム教徒の宗教感情を損なう、犯人を厳重に処罰し信教の自由と尊厳を認める国としてのイメージを回復させるべきだ、という提言書を外務省南西アジア課長に手渡すという事態に発展しました。

冒瀆という問題に関しては、二〇〇五年にデンマーク紙『ユランズ・ポステン』が預言者ムハンマドの風刺画を掲載したところ、世界中で二〇〇人もの死者を出す大暴動が発生しました。何度も預言者ムハンマドを風刺したフランスの週刊新聞『シャルリー・エブド』の本社は、二〇一五年一月にイスラム過激派に襲撃され、一二人が死亡しました。同五月には、アメリカのテキサスで開催された預言者ムハンマド風刺画コンテスト会場で銃撃テロがあり、「イスラム国」がアメリカ本土での攻撃としては初めて犯行声明を出しました。

二〇一八年には、オランダのポピュリスト政治家ウィルダース氏が預言者ムハンマド風刺画コンテストの開催を予定していましたが、脅迫が相次ぎ、「イスラム教が殺害予告やファトワー、暴力といった本性を再び現した」ため、罪のない人々に危害が及ぶのを防ぐ目的で中止を決定したと発表しました。同氏は、「イスラム教の非寛容な本質が改めて証明された」と批判しました。オランダ警察は同氏への攻撃を計画していたとして二六歳の男を拘束し、パキスタンではイスラム法による統治を目標に掲げるイスラム政党「パキスタン・ラッバイク運動」の呼びかけで数千人規模の攻撃デモが開催されてオランダとの断交を主張、アフガニスタンではタリバンがオランダ軍への攻撃を呼びかけました。

二〇〇四年一一月には、オランダでイスラム社会における強制婚やDV、女性差別などをテーマにした映画『服従』を製作したテオ・ファン・ゴッホ氏が、喉を切り裂かれるなどして殺害されました。「服従」とはアラビア語の「イスラム」の文字通りの意味です。この映画の中では、ニカーブと裸にシースルーの衣装を身につけた女性が暴力被害の体験を独白し、神への「服従」について自問したり礼拝したりする姿が描かれる一方、裸体に『コーラン』章句を書きつけられた別の女性も登場しています。

風刺画もゴッホ氏の映画も、ヨーロッパの誇る「表現の自由」を守り、イスラム教の教義に疑義を突きつけるための試みでしたが、イスラム教徒にとってはそんな主旨などどうでもよく、これらは単にイスラム法上の「死刑」に値する「冒瀆」行為とみなされました。

命をかけて「表現の自由」を守る活動を行うのも、「自由」の一環ではあります。特に「自由」という価値が歴史的にも社会的にも非常に重んじられるヨーロッパでは、こうした行動は称賛される傾向にあります。しかし、イスラム教徒とのトラブルや衝突を回避することを優先事項と考えた場合には、こうした行動は慎むべきです。

異性との付き合いにおいても、越えてはならないレッドラインがあります。

(37)　結婚前提以外ではイスラム教徒の異性との交際はしない。
(38)　自分と婚約関係にないイスラム教徒の異性をデートに誘わない。
(39)　イスラム教徒の異性とはたとえ仕事でも物理的に二人きりにならない。
(40)　イスラム教徒の異性には握手を含めボディタッチをしない。
(41)　イスラム教徒の異性を凝視しない。
(42)　イスラム教徒女性にバイクや自転車に乗ることを勧めない。
(43)　イスラム教徒の前では婚姻関係にない異性といちゃつかない。

製品のロゴや図柄を採用する際には、次のことに注意が必要です。

(44)　アラビア語のアッラーに類似したロゴや図柄は使わない。

たとえばＮＩＫＥは一九九七年、スニーカーのロゴがアッラーに類似しているとして抗議を受け、二〇一九年には別のスニーカーの靴底の模様がアッラーに類似しているとして「神を踏みつけにするとは何という冒瀆だ！」と抗議を受けました。日本でも一九九二年、横浜ゴム製造のタイヤの溝の模様がアッラーに類似しているとしてサウジアラビアやブルネイなどで抗議を受け、タイヤを交換するという事態に至りました。
以下も気をつけたほうがいいことです。

(45) 安易にモスクに入らない。
(46) モスクやイスラム教徒の多い場所に犬を連れて行かない。
(47) 安易に「〜のメッカ」という表現を使わない。
(48) イスラム教徒の同性同士のキスや手つなぎを同性愛と勘違いしない。

イスラム法では犬は不浄とされています。犬を可愛がるイスラム教徒も中にはいますが、犬が近づいたり犬に舐められたりすることを極度に嫌悪する人も少なくありません。またモスクには、不浄なものを持ち込むことが禁じられています。犬は不浄なのでモスクに入れてはいけませんし、また土足でモスクに上がりこむことも厳禁です。

日本語には何かの中心地のことを「〜のメッカ」と呼ぶ表現がありますが、メッカはイスラム教徒にとっての聖地であり、その聖地メッカ以外にメッカがあるなどという表現は彼らの心情を大いに害する危険性があるため、避けたほうが賢明です。

イスラム法では同性愛は犯罪行為だとされています。一方でイスラム教徒にとって、同性同士で熱い抱擁を交わしたり、頬にキスをして挨拶をしたり、固く手を繋いで道を歩くのは「ふつう」です。もしあなたがそのような様子を見て「同性愛者じゃないか」などとからかった場合、冗談では済まされず激昂される危険性があります。

イスラム教徒に限らず、異なる信仰や文化、伝統、常識を持った人々同士が平和裡に共生するのは非常に難しいことです。「何も言わなくてもわかるだろう」といった甘えは、日本人ではない彼らには一切通用しません。日本人にとっての常識が彼らにとっての非常識だったり、彼らにとっての常識が日本人にとっての非常識だったりします。日本人が笑って済ますことのできる事案が、彼らにとっては相手に制裁を加えないと気が済まないほどの強い怒りを引き起こすこともあります。話し合おうにも言葉が通じない可能性もあります。言葉が通じたところで価値観が全く異なるのですから、話し合いは成立するか、建設的な議論は可能か、落とし所を見つけるのは可能かと考えると、それらの全てが極めて困難です。多様性など、本当はないほうがずっとラクなのです。

しかし、「多様性反対！」と叫んだところで世界の流れは止められませんし、今さら鎖国するわけにもいきません。実際問題として多様性が不可避であるなら、できるだけトラブルを避け、互いの不快を軽減する努力をするより他に道はありません。しかも相手にその努力を強いるわけにもいきません。私たちが努力をするしかないのです。

「イスラム教徒も日本人とオンナジ」と勝手に決めつけることでそうした努力の一切を怠り、「多様性のある社会は素晴らしい」という無根拠かつ無責任な宣伝文句に乗せられて、そこにデメリットなど一切ないと信じ込んだり、心配ないと思い込んだり、なるようになるさと高を括ったりすれば、残念な結果を招く可能性が非常に高いでしょう。

私は非イスラム教徒日本人のイスラム教研究者として、日本人とイスラム教徒がなるべく対立、衝突を避けてどうにか共生を成立させること、お互いに排斥し合うような最悪の事態に陥らないことを願ってやみません。

あとがき

日本におけるイスラム教についての言説には、決まったパターンがあります。「日本人はイスラム教を危険だ、怖いと思っている。しかしそれは〝誤解〟であり、本当は平和な宗教なのだ」といったものです。本書は、この言説自体が〝誤解〟であること、この言説を繰り返している限り決してイスラム教を理解することなどできず、それは将来的に日本や日本人にとって大きな不利益を生むことになりかねないことを、事実を積み重ねることによって解き明かす試みです。

イスラム教徒が私たちとは大いに異なる価値を信じているというのは、厳粛な事実です。私はその事実に知的廉直さをもって向き合うことを義としており、それを歪曲したり、あるいは非難したりすることはその義に悖《もと》ります。

一方で、私の主張に反発する人々の存在も認識しています。

人間は一般に、「悪い知らせ」を不快に感じ、その伝達者を悪者とみなすという傾向があるのも事実です。議論を呼ぶ内容であることを理解したうえで本書を担当してくださった、出版プロデューサーの原田明さんには、そのご理解とご尽力に心から感謝いたします。

私は、二〇一七年から東南アジアに住んでいます。

このことは、これまで中東にばかり注目していた私が、東南アジアのイスラム教に目を向ける契機となりました。これにより、世界的なイスラム研究の盲点のひとつは、最大のイスラム教徒人口を擁する東南アジアを軽視してきたことにある、という点にも気づきました。

二〇歳からイスラム教の勉強を始め、すでに二〇年以上が経ちました。人生の半分以上をイスラム研究に費やしていることになります。それでもなお、知らないことはあいかわらず山積し、学ぶべきことは日々増える一方です。

日本でも、イスラム教について知りたいと思っている人が少しずつ増えているように思います。拙著『イスラム教の論理』が出版された二〇一八年に始めたTwitterのフォロワー数も、二万人を超えました。私のツイートのほとんどは、世界各地で発生したイスラム教に関わる事案の訳出と解説です。イスラム教についての「事実ベースの知識」への需要の増加を感じる所以です。

本書の出版を通し、私の研究成果をそうした人々に還元するチャンスを与えてくださった版元にも、深く感謝申し上げます。

二〇一九年九月

飯山陽

◉イスラム事件一覧

年月	場所	出来事	概要
1924年	トルコ	カリフ制廃止	トルコのムスタファ・ケマル（アタチュルク）がカリフ制を廃止。
1928年	エジプト	ムスリム同胞団設立	小学校教師だったハサン・バンナーがムスリム同胞団設立、大衆にイスラム教への回帰を呼びかける運動を開始。
1953年	パレスチナ	ヒズブ・タフリール設立	ナブハーニーがムスリム同胞団から分離しカリフ制再興を目指すヒズブ・タフリールを設立。
1989年2月	イラン	ホメイニ師『悪魔の詩』についてファトワー発行	イランの最高指導者ホメイニ師がラシュディ著『悪魔の詩』はイスラム教を冒瀆しているとして著者や出版関係者を死刑にすべきだとファトワーを発行。
1991年7月	日本	『悪魔の詩』翻訳者殺害事件	『悪魔の詩』を翻訳した筑波大学助教授五十嵐一氏が喉を切り裂かれるなどして死亡。
1998年5月	インドネシア	ジャカルタ反華人暴動	ジャカルタで華人の店や家屋が放火・略奪され、華人が殺されたり性的暴行を受ける暴動が発生し華人11万人が国外逃亡。
1998年12月	インドネシア	ポソ宗教紛争勃発	スラウェシ島ポソのイスラム教徒とキリスト教徒の間で抗争勃発、1000人以上死亡。
1999年1月	インドネシア	マルク宗教紛争勃発	マルク州のイスラム教徒とキリスト教徒の間で紛争が勃発し3年間継続、5000人以上死亡。

2000年9月	インドネシア	証券取引所爆弾テロ	ジャカルタの証券取引所で爆弾テロが発生し10人死亡。
2000年12月	インドネシア	教会連続爆破テロ	インドネシア各地の教会10カ所以上で爆弾テロが発生、18人死亡。アルカイダとJIの関与が疑われる。
2001年5月	日本	富山コーラン破棄事件	富山の中古車販売店周辺で破り棄てられた『コーラン』が発見され、東京を含む全国各地でイスラム教徒の大規模抗議デモが発生し外務省にも抗議。
2001年9月	アメリカ	アメリカ同時多発テロ	アルカイダが複数の航空機のハイジャックによって実行した21世紀最大のテロ事件。死者は約3000人。
2002年10月	インドネシア	バリ島連続爆弾テロ	バリ島のクタで連続爆弾テロが発生し日本人2人を含む202人死亡、当局はJIの犯行と断定。
2003年8月	インドネシア	JWマリオット・ホテル爆破テロ	ジャカルタのJWマリオット・ホテルで爆弾テロが発生し12人死亡。
2003年12月	インドネシア	ナイトマーケット爆破テロ	アチェのナイトマーケットで爆弾テロがあり10人死亡。
2004年1月	インドネシア	カラオケ店爆破テロ	スラウェシ島のカラオケ店で爆弾テロがあり4人死亡。
2004年3月	スペイン	マドリード列車爆破テロ	マドリードの三つの駅で爆破テロが発生し191人死亡、アルカイダ系組織が犯行声明。
2004年9月	インドネシア	オーストラリア大使館前爆弾テロ	ジャカルタのオーストラリア大使館前で爆弾テロが発生し8人死亡。

年月	場所	出来事	概要
2004年11月	オランダ	映画監督ゴッホ氏殺害事件	イスラム社会における女性への暴力をテーマとした映画『服従』を製作したテオ・ファン・ゴッホ氏が喉を切り裂かれるなどして殺害される。
2005年5月	インドネシア	キリスト教徒マーケット爆弾テロ	スラウェシ島のキリスト教徒のマーケットで爆弾テロがあり22人死亡、JIの犯行とみられている。
2005年7月	イギリス	ロンドン同時爆破テロ	ロンドンの地下鉄駅やバスで同時多発的に爆破テロが発生し56人死亡、アルカイダ系組織が犯行声明。
2005年9月	デンマーク	預言者ムハンマド風刺画事件	デンマーク紙『ユランズ・ポステン』が預言者ムハンマドの風刺画を掲載し抗議デモが全世界で発生、死者200人以上。
2005年10月	インドネシア	バリ島連続自爆テロ	バリ島で連続自爆テロが発生し20人死亡、当局はJIの犯行と断定。
2005年10月	インドネシア	キリスト教徒少女斬首事件	スラウェシ島でキリスト教徒の少女3人が斬首され教会の前に首が置かれる事件が発生。
2005年12月	インドネシア	キリスト教徒マーケット連続爆弾テロ	パルのキリスト教徒マーケットで連続爆弾テロが発生し8人死亡。
2006年3月	パキスタン	アメリカ領事館自爆テロ	カラチにあるアメリカ領事館で自爆テロが発生しアメリカ人外交官を含む4人死亡。

２００６年９月	ドイツ	ローマ教皇「ジハード批判」事件	ローマ教皇ベネディクト一六世がドイツで行った講演で預言者ムハンマドやジハードを批判したとしてイスラム諸国から大きな反発を受けた事件。
２００７年６月	イギリス	グラスゴー空港・車突入テロ	スコットランドのグラスゴー空港の建物に四輪駆動車が突っ込んで炎上、犯人はイラク系移民とサウジ育ちのイスラム教徒だった。
２００８年12月	スウェーデン	マルメ・イスラム文化センター暴動	スウェーデン第三の都市マルメでイスラム文化センター閉鎖に抗議するデモが暴動に発展。
２００９年３月	スウェーデン	マルメ反イスラエル暴動	マルメでテニスのデビスカップを契機に７０００人規模の反イスラエル・デモが発生し警官に投石するなど大規模暴動に発展。
２００９年７月	インドネシア	ジャカルタ・ホテル連続自爆テロ	ジャカルタのＪＷマリオット・ホテルとリッツカールトン・ホテルで連続自爆テロが発生し7人死亡。
２００９年11月	アメリカ	フォート・フッド基地銃乱射テロ	アメリカ軍のフォート・フッド基地で、イスラム教徒の軍医が銃を乱射し13人死亡。犯人はアルカイダとつながりがあった。
２０１０年３月	ロシア	モスクワ地下鉄連続自爆テロ	モスクワの地下鉄駅で連続して自爆テロが発生し40人死亡、アルカイダ系組織が犯行声明。
２０１０年５月	パキスタン	アフマディーヤ・モスク虐殺事件	ラホールにあるアフマディーヤのモスクで自爆テロ、銃撃などで襲撃され94人死亡、パキスタン・タリバン運動が犯行声明。

年月	場所	出来事	概要
2010年7月	パキスタン	スーフィー聖者廟自爆テロ	ラホールにあるスーフィー聖者の廟に対して連続自爆テロが実行され約50人死亡。
2011年1月	チュニジア	「アラブの春」でベン・アリ政権崩壊	いわゆる「アラブの春」で反政府デモが拡大し23年続いたベン・アリ政権が崩壊。
2011年2月	エジプト	「アラブの春」でムバラク政権崩壊	いわゆる「アラブの春」で反政府デモが拡大し30年続いたムバラク政権が崩壊。エジプトでは「第一革命」と呼ばれる。
2011年2月	エジプト	女性記者集団性的暴行事件	カイロのタハリール広場で取材していたCBS女性記者が数百人の男から性的暴行を受けた事件。
2011年8月	インドネシア	リアウ教会襲撃事件	ラマダン中に武装したイスラム教徒集団がリアウにある教会を襲撃。
2011年11月	フランス	シャルリー・エブド火炎瓶事件	預言者ムハンマドの風刺画を掲載したフランスの週刊新聞『シャルリー・エブド』本社に火炎瓶が投げ込まれ、ウェブサイトがハッキングにあう。
2011年12月	ナイジェリア	クリスマス教会連続爆破テロ	クリスマスの日にナイジェリア北部の教会数カ所で爆発と銃撃テロがあり41人死亡。
2012年3月	フランス	ミディ・ピレネー連続銃撃テロ	トゥールーズやモントーバンで兵士やユダヤ人などが次々銃撃され7人死亡、アルカイダ系組織が犯行声明。
2012年5月	ロシア	マハチカラ自爆テロ	ダゲスタン共和国首都マハチカラでチェックポイントを狙った自爆テロが発生し約40人死亡。

2012年6月	エジプト	ムスリム同胞団出身者が大統領就任	大統領選挙が実施されムスリム同胞団出身のモルシ氏が当選し大統領に就任。
2013年1月	アルジェリア	アルジェリア人質事件	アルジェリアのイナメナスにある天然ガスプラントがイスラム武装勢力に襲撃され日本人10人を含む48人死亡。
2013年4月	アメリカ	ボストン・マラソン爆弾テロ	ボストン・マラソンの競技中にゴール地点で爆弾テロが発生し4人死亡。
2013年5月	スウェーデン	ストックホルム暴動	移民が過半数を占めるストックホルム郊外ヒュースビーで移民が警官に射殺されたことを契機に暴動が発生し、周辺地域にも拡大して一週間継続。
2013年5月	エジプト	コプト教徒男児殺害事件	ミニヤーで6歳のコプト教徒男児が誘拐され、身代金を受け取った後男児を殺害、自宅トイレに遺体を遺棄。
2013年7月	エジプト	ムスリム同胞団政権崩壊	同胞団政権に反対する大衆デモが拡大し軍がそれを支持するかたちで政権崩壊。エジプトでは「第二革命」と呼ばれる。
2013年9月	ケニア	ショッピングモール襲撃事件	ケニアの首都ナイロビにあるショッピングモールが襲撃され67人死亡、アルカイダ系シャバーブが犯行声明。
2013年11月	イギリス	ロザラム性的虐待事件発覚	ロザラムでパキスタン系の男たちが20年近くにわたり1400人もの非イスラム教徒の少女に性的虐待などを行っていた事件が発覚。
2014年2月	ナイジェリア	キリスト教徒襲撃事件	ナイジェリアのボルノでボコハラムがキリスト教徒を襲撃し100人以上死亡、ボコハラムが犯行声明。

年月	場所	出来事	概要
２０１４年３月	エジプト	アインシャムス・コプト教会襲撃	カイロ郊外アインシャムスの教会がムスリム同胞団員に襲撃され４人死亡、うち25歳の女性は喉をかき切られて殺害。
２０１４年５月	ベルギー	ユダヤ博物館銃撃テロ	ブリュッセルにあるユダヤ博物館で銃撃テロが発生し４人死亡。シリアでジハードをして帰国した男が逮捕。
２０１４年６月	イラク	「イスラム国」カリフ制再興宣言	「イスラム国」がイラクでバグダーディーをカリフとしイスラム法による統治を行うカリフ制再興を宣言。
２０１４年11月	ナイジェリア	カノ・モスク爆破テロ	カノで穏健派のモスクで爆弾テロが発生し１２０人死亡、ボコハラムが犯行声明。
２０１４年12月	ロシア	グロズヌイ襲撃事件	チェチェン共和国首都グロズヌイのチェックポイントを武装組織が襲撃し15人死亡、アルカイダ系組織が犯行声明。
２０１４年12月	パキスタン	ペシャワール学校襲撃事件	ペシャワールにある軍事学校が襲撃され生徒や教師など１４９人死亡、パキスタン・タリバン運動が犯行声明。
２０１５年１月	イラク	モスク連続自爆テロ	アンバール州のモスクで連続自爆テロと銃撃戦が発生し23人死亡、「イスラム国」が犯行声明。
２０１５年１月	フランス	シャルリー・エブド襲撃テロ	『シャルリー・エブド』本社が襲撃され風刺画家など12人死亡。アラビア半島のアルカイダが犯行声明。
２０１５年１月	フランス	ユダヤ教食品店襲撃テロ	シャルリー・エブド襲撃二日後にパリにあるユダヤ教食品店が襲撃され４人死亡、「イスラム国」が犯行声明。

2015年1月	ナイジェリア	バガ襲撃事件	バガでナイジェリア軍拠点や住民が襲撃され数百人から2000人が死亡、ボコハラムが犯行声明。
2015年1月	リビア	コリンシア・ホテル自爆テロ・人質事件	トリポリのコリンシア・ホテルで自爆テロが発生した後、武装勢力が外国人を含む人質をとって立てこもり10人死亡、「イスラム国」が犯行声明。
2015年1月	パキスタン	シーア派モスク自爆テロ	パキスタン南部にあるシーア派モスクで自爆テロが発生し約55人死亡。
2015年1月	シリア	「イスラム国」が日本人2人を処刑	「イスラム国」が人質としていた湯川遥菜さん、後藤健二さんの二名を処刑し、映像を公開。
2015年2月	不明	「イスラム国」が全日本人に警告	「イスラム国」が機関紙『ダービク』で全ての日本人が標的であると明言。
2015年2月	デンマーク	コペンハーゲン銃撃事件	コペンハーゲンのカフェとユダヤ教教会で銃撃があり2人死亡、犯人は「イスラム国」に忠誠を誓っていた。
2015年3月	チュニジア	バルド博物館襲撃テロ	チュニスにあるバルド博物館が銃撃され日本人3人を含む22人が死亡、「イスラム国」が犯行声明。
2015年3月	イエメン	サナア・モスク爆破テロ	イエメンの首都サナアにあるモスクで爆破テロが発生、135人死亡、「イスラム国」が犯行声明。
2015年4月	ケニア	ガリッサ大学襲撃事件	ガリッサ大学が襲撃され148人死亡、シャバーブが犯行声明。

年月	場所	出来事	概要
2015年4月	イラク	バグダード連続テロ	イラクの首都バグダードで連続爆破テロが発生し40人以上死亡。
2015年5月	アメリカ	預言者ムハンマド風刺画コンテスト銃撃事件	テキサス州で開催された預言者ムハンマドの風刺画コンテスト会場付近で銃撃事件が発生、「イスラム国」がアメリカ本土での攻撃で初めて犯行声明。
2015年6月	サウジアラビア	シーア派モスク爆破テロ	カティーフにあるシーア派モスクが爆破され21人死亡、「イスラム国」が犯行声明。
2015年6月	クウェート	クウェート・モスク自爆テロ	クウェートのシーア派モスクで自爆テロが発生し27人死亡、「イスラム国」が犯行声明。
2015年6月	チュニジア	スース銃乱射テロ	チュニジアのリゾート地スースで銃乱射テロがあり38人死亡、「イスラム国」が犯行声明。
2015年9月	日本	「イスラム国」が日本外交使節に警告	「イスラム国」が機関紙『ダービク』でマレーシアやインドネシアの日本の外交団を狙えと言及。
2015年10月	バングラデシュ	星邦男さん殺害事件	バングラデシュで在住者の日本人、星邦男さんが殺害され、「イスラム国」が犯行声明。
2015年10月	トルコ	アンカラ爆破テロ	首都アンカラで連続爆破テロが発生し100人以上死亡、「イスラム国」が犯行声明。
2015年10月	エジプト	ロシア機爆破テロ	エジプトを発ちロシアに向かっていたロシア機が爆発し224人全員死亡、「イスラム国」が犯行声明。

イスラム事件一覧

２０１５年11月	日本	ザーキル・ナイク来日、講演	ヘイト説教師として知られるナイクが来日、東大、九大、同志社大など5カ所で講演。
２０１５年11月	フランス	パリ同時多発テロ	パリにあるスタジアムや劇場、飲食店などで自爆を含むテロが同時多発的に発生し１３０人あまりが死亡、「イスラム国」が犯行声明。
２０１５年12月	ナイジェリア	マイドゥグリ14連続自爆テロ	マイドゥグリで14人の女が連続して自爆するテロが発生し36人死亡、ボコハラムが犯行声明。
２０１５年12月	アフガニスタン	カンダハル空港襲撃テロ	カンダハル空港が襲撃され70人以上死亡、タリバンが犯行声明。
２０１５年12月	アメリカ	サンバーナーディーノ銃乱射テロ	カリフォルニアのサンバーナーディーノにある障害者施設で夫婦が銃を乱射し14人死亡、「イスラム国」が犯行声明。
２０１５年12月	ドイツ	ケルン集団性的暴行事件	ケルンで年末年始にかけて発生した約１０００人の女性に対するアラブ人、北アフリカ人などによる性的暴行事件。
２０１６年１月	インドネシア	ジャカルタ連続テロ事件	ジャカルタ中心部で自爆テロや銃撃などが発生し４人死亡、「イスラム国」が犯行声明。
２０１６年３月	トルコ	イスタンブール自爆テロ	イスタンブールの目抜き通りイスティクラール通りで自爆テロが発生し４人死亡、「イスラム国」が犯行声明。
２０１６年３月	ベルギー	ブリュッセル同時テロ	ブリュッセルの空港や駅などで同時テロが発生し32人死亡、「イスラム国」が犯行声明。

年月	場所	出来事	概要
２０１６年３月	パキスタン	イースター襲撃事件	ラホールでイースターの祝祭を狙った自爆テロなどが発生しキリスト教徒を中心に75人死亡、パキスタン・タリバン運動傘下の組織が犯行声明。
２０１６年４月	アフガニスタン	カブール襲撃テロ	カブールで治安部隊員を狙ったテロが発生し64人死亡、タリバンが犯行声明。
２０１６年５月	イラク	レアル・マドリード・ファン襲撃テロ	バラドでレアル・マドリードのファンが集うカフェでテロが発生し28人死亡、「イスラム国」が犯行声明。
２０１６年６月	マレーシア	クアラルンプール爆弾テロ	クアラルンプールのショッピングモール内で爆弾テロが発生し8人負傷、「イスラム国」が犯行声明。
２０１６年６月	アメリカ	ゲイ・ナイトクラブ銃乱射テロ	フロリダ州のゲイ・ナイトクラブで銃乱射テロが発生し49人死亡、「イスラム国」が犯行声明。死者数はアメリカの銃乱射事件としては最多。
２０１６年６月	トルコ	イスタンブール空港自爆テロ	イスタンブールのアタチュルク空港で自爆テロと銃撃があり45人死亡、「イスラム国」が犯行声明。
２０１６年７月	バングラデシュ	ダッカ・レストラン襲撃テロ	ダッカのレストランが襲撃され日本人7人を含む22人が死亡、「イスラム国」が犯行声明。首謀者は日本国籍を持つモハメド・サイフラ・オザキとされる。
２０１６年７月	イラク	カッラーダ連続爆破テロ	バグダードのカッラーダで連続爆破テロがあり３４０人以上が死亡、「イスラム国」が犯行声明。

2016年7月	サウジアラビア	サウジ連続自爆テロ	メディナの預言者モスク、ジッダのアメリカ領事館近く、カティーフのシーア派モスクで4連続自爆テロが発生し4人死亡、「イスラム国」が犯行声明。
2016年7月	フランス	ニース・トラック暴走テロ	ニースで歩行者に向かってトラックが突っ込み暴走するテロが発生し84人が死亡、「イスラム国」が犯行声明。
2016年8月	パキスタン	クエッタ国立病院自爆テロ	クエッタの国立病院で自爆テロが発生し70人以上死亡、パキスタン・タリバン運動傘下の組織が犯行声明。
2016年11月	インドネシア	サマリンダ教会爆破事件	サマリンダの教会で爆弾テロが発生し1人死亡、インドネシアの「イスラム国」メンバーが訴追された。
2016年11月	アメリカ	オハイオ州立大学襲撃テロ	オハイオ州立大学構内でソマリア人難民の男が歩行者に向かって車を突進させたあとナイフで攻撃し13人負傷、「イスラム国」が犯行声明。
2016年12月	エジプト	コプト教会自爆テロ	カイロのコプト教会で自爆テロが発生し29人死亡、「イスラム国」が犯行声明。
2016年12月	ドイツ	クリスマス・マーケット襲撃テロ	ベルリンのクリスマス・マーケットにトラックが突進するテロが発生し12人死亡、「イスラム国」が犯行声明。
2017年1月	トルコ	イスタンブール・ナイトクラブ銃撃テロ	イスタンブールのナイトクラブで銃撃テロが発生し39人死亡、「イスラム国」が犯行声明。
2017年2月	エジプト	「イスラム国」がキリスト教徒殺害呼びかけ	「イスラム国」シナイ州がキリスト教徒はもはやズィンミーではないとしジハードを呼びかけ。

年月	場所	出来事	概要
2017年2月	パキスタン	スーフィー聖者廟自爆テロ	セーワンにある巡礼地として人気の高いスーフィー聖者廟で自爆テロが発生し91人死亡、「イスラム国」が犯行声明。
2017年4月	ロシア	サンクトペテルブルク地下鉄爆破テロ事件	サンクトペテルブルクの地下鉄の二つの駅で自爆テロと爆弾テロが発生し15人死亡、「イスラム国」が犯行声明。
2017年4月	エジプト	コプト教会連続自爆テロ	アレクサンドリアとタンターのコプト教会で連続自爆テロが発生し50人死亡、「イスラム国」が犯行声明。
2017年4月	スウェーデン	ストックホルム・トラック暴走テロ	ストックホルムで歩行者にトラックが突っ込み暴走するテロが発生し5人死亡、実行者はヒズブ・タフリールの支持者であり「イスラム国」に忠誠を誓っていた。
2017年5月	エジプト	コプト教徒バス襲撃事件	ミニヤーで巡礼に向かうコプト教徒をのせたバスが襲撃され28人死亡、「イスラム国」が犯行声明。
2017年5月	インドネシア	ジャカルタ特別州知事に冒瀆罪で有罪判決	中国系のキリスト教徒であるジャカルタ特別州知事アホック氏に対しイスラム教を冒瀆した罪で禁錮2年の判決。
2017年5月	イギリス	マンチェスター・アリーナ自爆テロ	アリアナ・グランデのコンサートが行われていたマンチェスター・アリーナで自爆テロが発生し22人死亡、「イスラム国」が犯行声明。
2017年5月	フィリピン	「イスラム国」マラウィ占拠	「イスラム国」がミンダナオ島のマラウィを占拠、フィリピン軍が奪還作戦を実行し5カ月後に奪還。

2017年6月	イギリス	ロンドン橋車突進テロ	ロンドン橋で歩行者に車が突っ込み暴走したのちナイフで攻撃するテロが発生し8人死亡、「イスラム国」が犯行声明。実行者はチョードリーの支持者。
2017年6月	イラン	テヘラン連続テロ	テヘランで国会議事堂やホメイニ廟が襲撃され18人死亡、「イスラム国」が犯行声明。
2017年8月	スペイン	バルセロナ車暴走テロ	バルセロナのランブラス通りで歩行者に車が突っ込み暴走、さらにナイフで攻撃するテロが発生し16人死亡、「イスラム国」が犯行声明。
2017年8月	フィンランド	トゥルク・ナイフ攻撃テロ	トゥルクでナイフによるテロ攻撃が発生し2人死亡、実行者は「イスラム国」に忠誠を誓っていた。
2017年10月	ソマリア	モガディシュ連続爆破テロ	ソマリアの首都モガディシュで連続爆破テロがあり587人死亡、シャバーブが犯行声明。
2017年10月	エジプト	コプト教司祭刺殺事件	ベニ・スエフでイスラム教徒がコプト教司祭をナイフで惨殺その動画が拡散される。
2017年10月	アメリカ	ニューヨーク車突進暴走テロ	ニューヨークのマンハッタンでピックアップトラックが歩行者に突っ込み暴走して8人死亡、犯人は「イスラム国」の信奉者だった。
2017年11月	エジプト	シナイ・モスク襲撃	シナイ半島のモスクが襲撃され300人以上死亡、「イスラム国」が犯行声明。
2017年12月	エジプト	ヘルワーン・コプト教会襲撃	カイロ郊外ヘルワーンのコプト教会が襲撃され11人死亡、「イスラム国」が犯行声明。

年月	場所	出来事	概要
2018年1月	イラク	バグダード連続自爆テロ	バグダードの広場で連続自爆テロが発生し38人死亡、「イスラム国」が犯行声明。
2018年1月	アフガニスタン	インターコンチネンタル・ホテル襲撃テロ	カブールのインターコンチネンタル・ホテルが襲撃され42人死亡、タリバンが犯行声明。
2018年1月	アフガニスタン	カブール救急車爆弾テロ	カブールの内務省近くで救急車を装った自動車爆弾が爆発、103人死亡、タリバンが犯行声明。
2018年2月	ロシア	キズリャル教会銃撃事件	ダゲスタン共和国キズリャルの教会が襲撃され5人死亡、「イスラム国」が犯行声明。
2018年3月	イギリス	テルフォード性的虐待事件発覚	テルフォードでパキスタン系の男たちが40年近くにわたり1000人もの非イスラム教徒の少女に性的虐待などを行っていた事件が発覚。
2018年4月	アフガニスタン	カブール自爆テロ	カブールの選挙登録事務所で自爆テロが発生し69人死亡、「イスラム国」が犯行声明。
2018年5月	インドネシア	スラバヤ教会連続自爆テロ	スラバヤの教会3カ所に一家が分かれてそれぞれ自爆テロを行い15人死亡、「イスラム国」が犯行声明。
2018年5月	インドネシア	スラバヤ警察署自爆テロ	スラバヤの警察署入り口で一家全員が自爆、24人死亡。
2018年7月	フィリピン	バシラン自爆テロ	ドイツ国籍を持つモロッコ人「イスラム国」戦闘員がバシランで自爆テロ、10人死亡。

2018年7月	パキスタン	選挙関連施設襲撃事件	パキスタン各地で統一選挙前に集会や政党事務所などが襲撃され154人死亡、「イスラム国」が犯行声明。
2018年8月	インドネシア	仏教徒女性に冒瀆罪で有罪判決	イスラム教の祈りの呼びかけがうるさいと主張した中国系仏教徒女性にイスラム教を冒瀆した罪で禁錮18カ月の判決。
2018年9月	イラン	軍事パレード襲撃事件	アフヴァーズで行われていた軍事パレードが襲撃され25人死亡、「イスラム国」が犯行声明。
2018年12月	フランス	クリスマス・マーケット襲撃テロ	ストラスブールのクリスマス・マーケットでナイフで切りつけるテロが発生し5人死亡、「イスラム国」が犯行声明。
2018年12月	モロッコ	北欧女性殺害・斬首事件	アトラス山脈に観光に来ていたデンマーク人とノルウェー人の女性2人が喉を切り裂かれるなどして死亡、一人は斬首され、「イスラム国」が犯行声明。
2019年1月	サウジアラビア	棄教女性の逃走と亡命	イスラム教を棄教しサウジから脱出した18歳女性が「家族に殺される」と主張しカナダに難民として受け入れられる。
2019年1月	フィリピン	ホロ・カトリック教会自爆テロ	ホロのカトリック教会でインドネシア人夫婦が自爆テロを実行し22人死亡、「イスラム国」が犯行声明。
2019年3月	シリア	「イスラム国」からの領土奪還	「イスラム国」のシリアにおける最後の拠点をアメリカ主導の有志連合軍が制圧し完全に奪還したと発表。
2019年3月	オランダ	ユトレヒト銃撃テロ	ユトレヒトの路面電車内でトルコ系の男が銃を乱射し4人死亡、男は「自分の宗教のためにやった」という手書きの手紙を所有。

年月	場所	出来事	概要
2019年4月	不明	「イスラム国」指導者バグダーディー映像公開	「イスラム国」指導者であるカリフ・バグダーディーの映像が5年ぶりに公開。
2019年4月	スリランカ	スリランカ同時テロ	イースターの祝祭中の教会やホテルなどを狙った同時多発自爆テロが発生し、250人以上死亡。首謀者はユーチューバー。「イスラム国」が犯行声明。
2019年4月	エジプト	コプト教会襲撃事件	スハーグにあるコプト教会が棍棒やナイフで武装したイスラム教徒暴徒によって襲撃され司祭らが負傷。
2019年5月	インドネシア	インドネシア大統領選挙	保守的なイスラム教指導者マアルフ氏を副大統領候補とした現職ジョコウィ氏が二選を果たす。
2019年5月	インド	「イスラム国」インド州設立	「イスラム国」がインドに支部を設立したと宣言。
2019年5月	ヨーロッパ	欧州議会選挙でポピュリズム政党躍進	欧州議会選挙で「反イスラム」「反移民」を掲げるポピュリズム政党が躍進。
2019年6月	チュニジア	チュニス連続自爆テロ	首都チュニス中心部で1週間のうちに3回連続自爆テロが発生し1人死亡、「イスラム国」が犯行声明。
2019年6月	フィリピン	ホロ軍事キャンプ内連続自爆テロ	スールー諸島ホロにある軍事キャンプ内で連続自爆テロが発生し5人死亡、「イスラム国」が犯行声明。
2019年7月	リビア	「イスラム国」リビア州復活宣言	内戦状態の続くリビアの砂漠地域で「イスラム国」が新たな指導者のもとにカリフ・バグダーディーへの忠誠を改めて誓う映像を公開。

参考文献

飯山陽著『イスラム教の論理』新潮社、二〇一八年。

――――『イスラームにおける「法の目的」：マスラハ概念の理論と実践』東京大学、二〇〇九年（博士論文）。

――――「目的論的解釈への道：カラーフィーの法理論にみるマスラハ概念より」『オリエント』第46巻第2号、日本オリエント学会、二〇〇三年、一―一七頁。

W・C・スミス著、中村廣治郎訳『現代イスラムの歴史（上・下）』中央公論社、一九九八年。

ダグラス・マレー著、町田敦夫訳『西洋の自死：移民・アイデンティティ・イスラム』東洋経済新報社、二〇一八年。

ハンス・ロスリング著、上杉周作訳『ファクトフルネス』日経BP、二〇一九年。

Amanat, A. and Griffel, F., *Shari'a: Islamic Law in the Contemporary Context* (Stanford University Press, 2007).

Bot, M., "Elements of Anti-Islam Populism," *Krisis Journal for Contemporary Philosophy*, Issue 2(2017), 13-25.

Bukhari, Abu 'Abd Allah al-, *Sahih al-Bukhari*. (https://muflihun.com/bukhari)

Crone, P., *Medieval Islamic Political Thought* (Edinburgh University Press, 2005).

Emon, A., "Reflections on the Constitution of Medina," *UCLA Journal of Islamic and Near Eastern Law*, Vol. 1 (2001–02), 103–133.

Faksh, M. A., "The Islamic State System," *Islamic Quarterly* 28/1 (1984), 15-20.

Fattal, A., *Le statut légal des non-muslmans en pays d'Islam* (Beirut, 1958).

Gibb, H. A. R. and Bowen, H., *Islamic Society and the West* (London, 1950-57).

Goitein, S. D., *Jews and Arabs* (New York, 1974).

Hanna, M. W., *Excluded and Unequal: Copts on the Margins of the Egyptian Security State* (The Century Foundation, 2019).

Hasan, N., "The Salafi Movement in Indonesia," *Comparative Studies of South Asia, Africa and the Middle East,* Vol. 27 (2007), 83-94.

IIYAMA Akari, "Legal Principles (Qawa'id) in Legal Practice," *Orient* 48(2013), 37-56.

Ibn Hanbal, 'Abd Allah b. Ahmad, *Masail al-Imam Ahmad b. Hanbal* (Beirut, 1988).

Johnston, P., Alami, M et al., *Return and Expand? The Finances and Prospects of the Islamic State After the Caliphate* (RAND Corporation, 2019).

Kepel, G., *Quatre-vingt-treize* (Paris, 2012).

Khallaf, 'Abd al-Wahhab,*'Ilm Usul al-Fiqh* (Beirut, 2007).

———, *Masadir al-Tashri' al-Islami fi ma la Nassa fi-hi* (Kuwait, 1955; reprint, 1993).

Khalidi, Muhammad al-, *Ma'alim al-Khilafa fi al-Fikr al-Siyasi al-Islami* (Beirut, 1984).

Lewis, B., *The Jews of Islam* (New Jersey, 1984).

Malik b. Anas, *Al-Muwatta* (Beirut, 1983).

Mawardi, Abu Hasan al-, *Al-Ahkam al-Sultaniyya wa al-Wilayat al-Diniyya* (Kuwait, 1989).

Qaradawi, Yusuf al-, *Ghayr al-Muslimin fi al-Mujtama‘ al-Islami,* 5th ed. (Cairo, 1977).

———, *Al-Sahwa al-Islamiyya bayna al-Juhud wa al-Tatarruf* (Cairo, 1982).

Muslim b. al-Hajjaj, *Sahih Muslim.* (https://muflihun.com/muslim)

Rubin, B. ed., *The Muslim Brotherhood: The Organization and Policies of a Global Islamist Movement* (London, 2010).

Schacht, J., *An Introduction to Islamic Law* (Oxford, 1964).

Shafi‘i, Muhammad b. Idris al-, *Al-Risala* (Cairo, 1940).

———, *Al-Umm,* 8vols. (Beirut, 1973).

Shatibi, Abu Ishaq al-, *Al-Muwafaqat,* 4vols. (Beirut, n.d.).

Sherman, J., *Islamic Law and the State* (Leiden, 1996).

Tritton, A. S., *The Caliphs and their non-Muslim Subject of Muslim Leaders* (Cambridge, 1930).

Vatikiotis, P. J., *Islam and the State* (London, 1987).

Wansharisi, Ahmad al-, *Al-Mi‘yar al-Mu‘rib wa al-Jami‘ al-Mughrib, 13vols.* (Beirut, 1981-83).

Ye’or, B., *Eurabia: The Euro-Arab Axis* (Madison, 2005).

———, *Le Dhimmi* (Paris, 1980).

———, *Juifs et chrétiens sous l’Islam* (Paris, 1994).

Van Bruinessen, M., ed. *Contemporary Developments in Indonesian Islam* (Singapore, 2013).

Zaydan, ‘Abd al-Karīm, *Ahkam al-Dhimmiyin wa al-Musta’min fi Dar al-Islam* (Beirut, 1982).

Zuhayli, Wahba Mustafa al-, *Al-Fiqh al-Islami wa Adillat-hu* (Damascus, 1989).

河出新書 013

イスラム2.0

SNS《エスエヌエス》が変《か》えた1400年《ねん》の宗教観《しゅうきょうかん》

二〇一九年一一月三〇日　初版発行
二〇二〇年　一　月三〇日　4刷発行

著　者　飯山陽《いいやまあかり》
発行者　小野寺優
発行所　株式会社河出書房新社
〒一五一-〇〇五一　東京都渋谷区千駄ヶ谷二-三二-二
電話　〇三-三四〇四-一二〇一［営業］／〇三-三四〇四-八六一一［編集］
http://www.kawade.co.jp/
マーク　tupera tupera
装　幀　木庭貴信（オクターヴ）
印刷・製本　中央精版印刷株式会社
Printed in Japan　ISBN978-4-309-63114-1

アメリカ

橋爪大三郎　大澤真幸
Hashizume Daisaburo　Ohsawa Masachi

日本人はアメリカの何たるかを
まったく理解していない。
日本を代表するふたりの社会学者が語る、
日本人のためのアメリカ入門。
アメリカという不思議な存在。
そのひみつが、ほんとうにわかる。

ISBN978-4-309-63101-1

河出新書
001

考える日本史

本郷和人
Hongo Kazuto

「知っている」だけではもったいない。
なによりも大切なのは「考える」ことである。
たった漢字ひと文字のお題から、
日本史の勘どころへ——。
東京大学史料編纂所教授の
新感覚・日本史講義。

ISBN978-4-309-63102-8

河出新書
002

歴史という教養

片山杜秀
Katayama Morihide

正解が見えない時代、
この国を滅ぼさないための
ほんとうの教養とは——?
ビジネスパーソンも、大学生も必読!
博覧強記の思想史家が説く、
これからの「温故知新」のすすめ。

ISBN978-4-309-63103-5

河出新書
003